¡Apretad los cinturones y buen viaje!

Cuaderno de Lisboa

bocetos y apuntes a corazón abierto de

Miguel Bastante

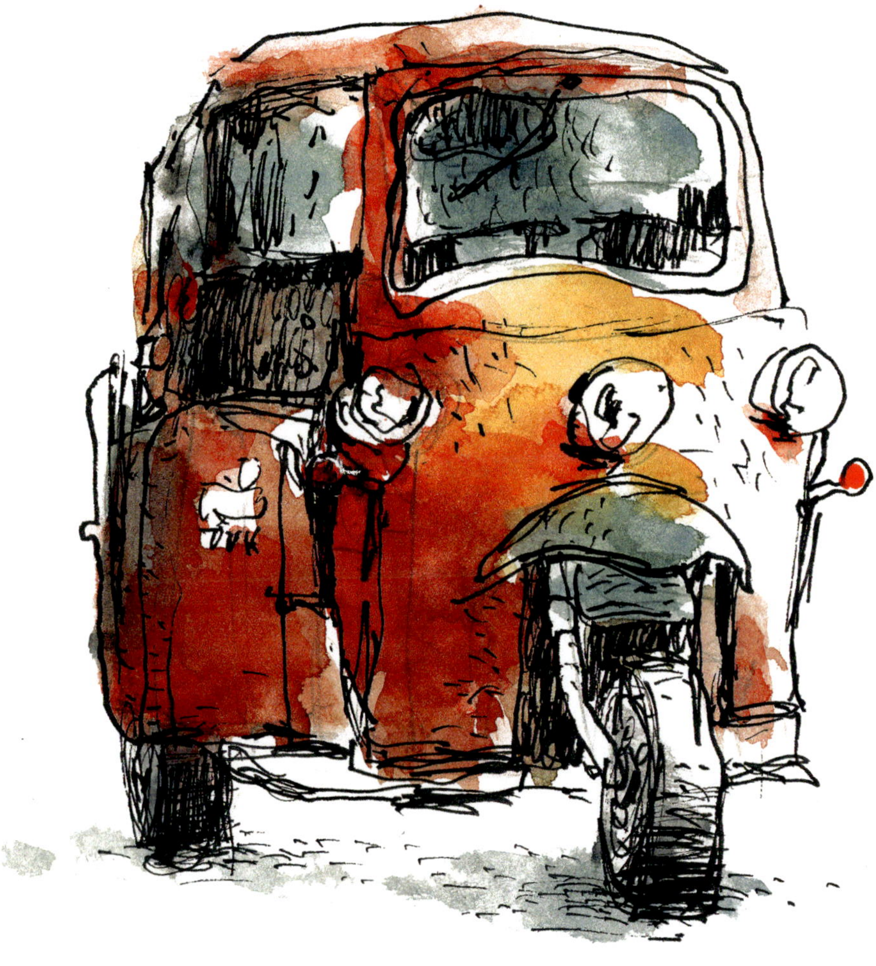

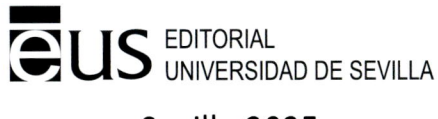

eus EDITORIAL
UNIVERSIDAD DE SEVILLA

Sevilla 2025

Colección Abierta
Núm.: 61

Todas las ilustraciones que aparecen en esta obra son originales de Miguel Bastante

© Editorial Universidad de Sevilla 2025
   C/ Porvenir, 27 - 41013 Sevilla.
   Tlfs.: 954 487 447; 954 487 451
   Correo electrónico: info-eus@us.es
   Web: https://editorial.us.es
© Miguel Bastante 2025
Impreso en papel ecológico
Impreso en España-Printed in Spain
ISBN 978-84-472-2794-5
Depósito Legal SE 1259-2025
Diseño, maquetación y realización de cubierta: Akemi Katano
Impresión: Podiprint

« A mi pequeña Eriko »

Recompensa de vida

A mi querido amigo José Antonio Cabrera por su dedicación, sus enseñanzas y consejos. Por sus conocimientos desde la profesionalidad y experiencia; gracias por guiarme en este recorrido que ha sido clave para tan maravilloso viaje.

A mi compañero Bernardo Romero por su generosidad, por su tiempo y por compartir sus experiencias. Pero también por su sensibilidad y por coincidir en la manera de ver y sentir las cosas; gracias por tus palabras y sabios consejos.

Y a mi compañera de vida Akemi Katano por su apoyo incondicional. Por estar a mi lado y compartir este apasionado viaje; gracias por la motivación para perseguir mis sueños y convertirlos en realidad.

Índice

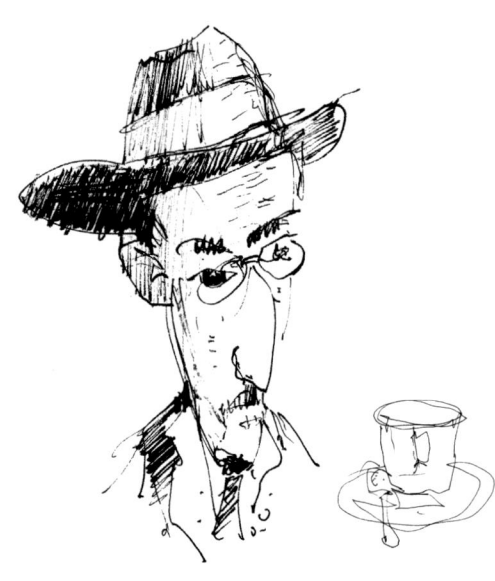

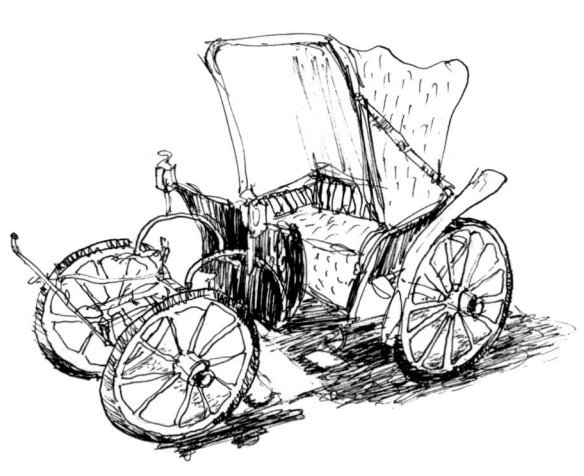

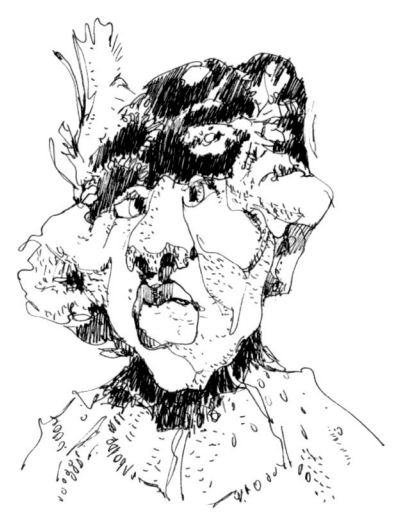

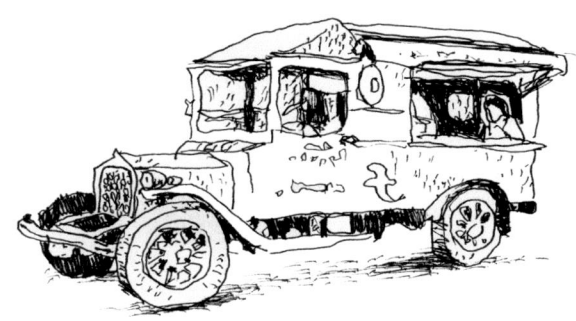

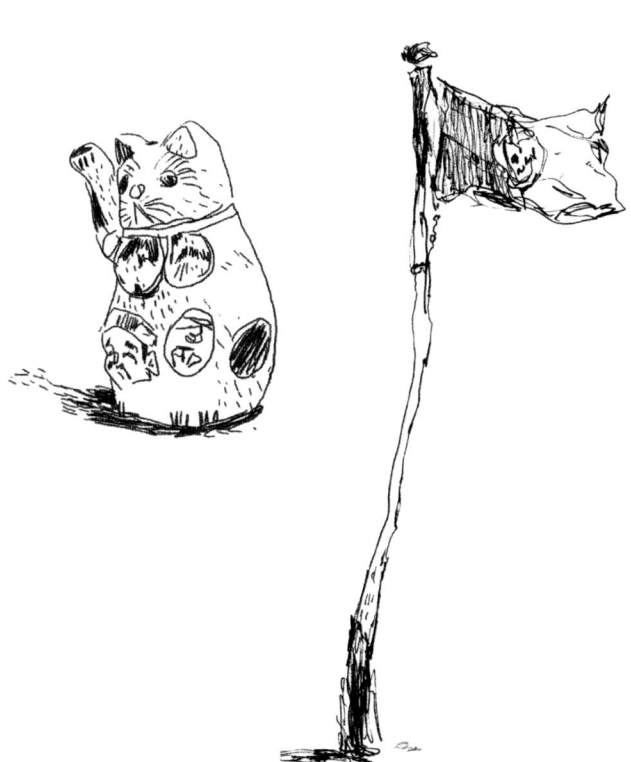

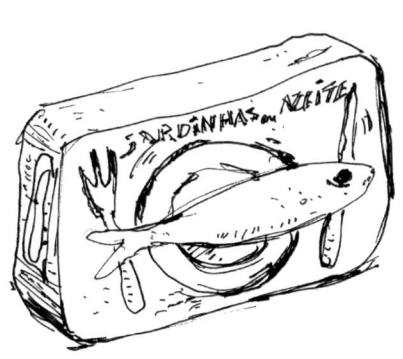

Advertencia preliminar

Esto que podría parecer una guía de viajes al uso no lo es en absoluto. Se hacen referencias a lugares e, incluso, aparece alguna referencia a restaurantes o alojamientos por los que transitó el autor con objeto de conocer mejor la ciudad de Lisboa y, en consecuencia, tenerla más cerca. Miguel Bastante nos ofrece este cuaderno de Lisboa con la intención de que podamos admirar el reflejo, la luz, que la capital lusa dejó sobre el papel de acuarelas que fue parte esencial de su liviano equipaje. Sí que es, por el contrario, un libro de viajes, que no una guía, como lo fueron aquellos textos con los que tanto emocionaron a sus lectores los escritores románticos tras recorrer la península ibérica, o esos otros de la Antigüedad Clásica con los que Homero y Virgilio nos helaron el aliento. *Cuaderno de Lisboa* es un libro de viajes en el que la palabra acompaña la maestría en el dibujo que ya conocíamos del artista, bocetos y apuntes del natural con los que intenta capturar el alma de una ciudad que desde hace años lo mantiene atrapado.

De las muchas maneras que tenemos hoy de viajar, una poco extendida y que podría incluso pasar desapercibida, es esta que ha llevado a cabo Miguel Ángel Bastante, una –en apariencia– sencilla que consiste en, armado de lápiz y papel, caminar libremente por las calles y caminos, abierto al asombro. Ver, observar y llevar al papel lo vivido, que es lo que el artista nos deja en estas páginas. Bocetos que son sentimientos.

Las prisas junto con la incapacidad de poder desconectar de la rutina diaria, de la tensión del trabajo o de cualquier problema de los que asomar puedan a nuestras atribuladas cabezas, impiden disponer del sosiego necesario como para abrir una libreta y escribir impresiones sobre lo que estamos observando o recorriendo; o, como es el caso de este cuaderno lisboeta, de sacar un bloc de dibujo de la mochila y un lápiz del bolsillo de la camisa para anotar, abocetar o dibujar en claras líneas lo que te está limpiando la mente y abriendo el corazón. Para viajar de esta manera, no hacen falta prisas, ni cumplir objetivo alguno, solo dejarse llevar por la intuición o por el viento (¿qué más dará?). El caso es sentir lo que te rodea y, llegado el momento, en un banco, en un café o venciendo el traqueteo de un tranvía, dibujar. Dejarse llevar. Por ello, la consideración de este cuaderno de Lisboa se aleja de lo que viene a ser una guía para viajeros, siendo, al fin y al cabo, todo aquello que un artista se dispone a ejecutar cuando se enfrenta a una creación: plasmar la emoción que le ha producido un paisaje o una situación. Esto es lo que hace Miguel Bastante en un sencillo cuaderno de campo.

Se ama lo que se conoce, y lo que el artista anota en su cuaderno de dibujo es lo que lleva en su memoria y con pulcritud, trazo a trazo, aprehendiendo todo lo que le rodea, metiéndolo más en el alma que en la sesera. Es consecuentemente esta una manera de viajar más tranquila, reconfortante y nutritiva, hecha con menos prisas y con menos objetivos; diríase incluso sin objetivo alguno, teniendo en cuenta que no hubo más planificación previa que la de volver a una ciudad y vivirla –quiere decirse pasearla, recorrer sus calles y sorprenderse con sus edificios, sus jardines, museos o avenidas–. Se viaja para aprender, tal como hacían esos primeros turistas privilegiados de las familias más adineradas en tiempos ilustrados, cuando se enviaba al primogénito a unos *tours* que duraban meses y a veces incluso años, con la sana intención de que el mayorazgo se consolidara y fortaleciera conociendo otros lugares, aprendiendo otros acentos y, llegado el caso, hasta entablando relaciones comerciales o efectuando compras de objetos de buena factura, un lienzo o una cerámica. Cosas que aquellos jóvenes viajeros consideraran bien hechas. Cosas que consideraban arte.

Aquellos ilustrados con posibles no hacían otra cosa que entender la necesidad de imitar a la nobleza o a la realeza que en otros tiempos hizo algo parecido al enviar a sus hijos a otras cortes, a otras tierras, para conocer con mayor profundidad otros reinos y otros gobiernos, estableciendo lazos y alianzas llegado el caso, acciones que propiciaran ventajas para lograr, en incesante aprendizaje, mejorar el gobierno de las tierras poseídas. De todo este modo de viajar que las clases altas o los gobernantes de ayer –y por supuesto de hoy– siguen practicando, ha quedado para el común de los turistas tan solo lo más superficial, una tremenda avidez por acudir a destinos que les son imprescindibles para la charla en el café o el recurrente tema en la comida o en la fiesta del viernes con los amigos. En mitad de este caos circulatorio que ha propiciado –y bienvenido sea– el abaratamiento de los costes de desplazamientos, de hospedaje y manutención –cuando el viajar está al alcance de todas las clases sociales–, surgen maneras de viajar distintas, que no deben ser mejores ni peores sino solo eso, distintas –y Hermes, el de los pies alados que protege a los viajeros pero que también algún día nos conducirá al Hades, nos libre de juzgar a nuestros semejantes–. Una de tantas formas e intenciones de viajar es esta que Miguel Bastante ha elegido: la de aprender, conocer, que es el camino correcto que conduce al querer, al amor. De todo esto dan cuenta los bocetos y los cálidos dibujos que nos ha traído de Lisboa, donde estuvo aprendiendo y queriendo a una ciudad que atrapa a quien puede vivirla desde el conocimiento. Esta es razón suficiente como para que los dibujos que hoy se presentan en esta publicación, acompañados de la palabra, no pretendan recoger metódicamente lo más destacado de la ciudad, sino dar cuenta de unos días en Lisboa en los que el artista se aleja de los circuitos turísticos, libre en su deambular y en su sentir. Esperemos que estos dibujos tampoco sean los últimos. Quedan viajes, desplazamientos anhelados que llevarán al artista a continuar su periplo por otros lugares, o por su propia ciudad, o retomar nuevamente la ruta de Lisboa para seguir dibujándola, tal como dice el subtítulo de este *Cuaderno de Lisboa: bocetos y apuntes a corazón abierto*. Ahí están sus dibujos. Disfrútenlos.

Bernardo Romero

Miradas de un artista andaluz en Lisboa

Cualquiera que la haya visitado, sabe que Lisboa rezuma nostalgia.
Lisboa: ciudad de luz y melancolía, de fados que se enredan en el alma
y tranvías que trepan cuestas imposibles; Lisboa, donde el Tajo se funde
con la mar y los azulejos narran historias de intrépidos navegantes, de
poetas y bohemios; Lisboa, la musa que ha inspirado a tantos artistas
y que ahora se revela en los trazos y palabras de Miguel Bastante,
acuarelista enamorado de sus calles empedradas y sus miradores
infinitos.

El cuaderno que el lector tiene entre sus manos no es una guía turística
al uso, con mapas detallados e itinerarios bien delimitados. Tampoco
se trata de un catálogo de acuarelas comentado y concebido para
quienes deseen conocer la técnica pictórica, a modo de un manual para
acuarelistas con motivos y parajes lisboetas. Es mucho más que eso:
nada menos que un cuaderno de viaje, el diario íntimo de un pintor que
ha recorrido la ciudad con los ojos y el corazón bien abiertos al encanto
de la capital portuguesa, atrapando su esencia en bocetos y apuntes
escritos desde la pureza de quien proyecta mirada de artista. Cual
moderno *flâneur*, Bastante se ha dejado inspirar por la intuición en las
distintas visitas realizadas a sus emblemáticos lugares y en los paseos por
sus callejuelas y avenidas, descubriendo rincones escondidos, enclaves
entrañables y momentos únicos que, bajo imágenes y palabras, han
quedado inmortalizados en estas páginas.

A través de sus acuarelas, sugerentes y originales, podemos sentir el
calor del sol sobre las fachadas de colores, el frescor de la brisa marina
en el rostro, el aroma del café recién hecho sentado en la terraza de una
cafetería. Sus trazos nos transportan, entre otros, a los barrios históricos
de Alfama y Graça, con sus laberínticas callejuelas y sus casas adornadas
con azulejos; a la elegante Baixa, con sus plazas majestuosas y sus
tiendas tradicionales; al bohemio Chiado, refugio de artistas y escritores;
o al moderno Parque de las Naciones, con su arquitectura vanguardista
y su ambiente cosmopolita. Sus dibujos, como ventanas abiertas de
par en par al alma de la ciudad, nos revelan la belleza escondida en

los detalles: la sombra de un jacaranda dibujando encajes sobre una fachada de azulejos, la sonrisa de un pescador curtida por el sol y el salitre en Alfama, el vuelo grácil de una gaviota recortándose contra la majestuosidad de la Torre de Belém.

Este no es un libro para devorar con prisas, sino para degustar lentamente, como un vino añejo de Oporto. Se presta a que las imágenes y las palabras te envuelvan y te transporten a un universo donde el tiempo se detiene y la belleza se despliega en cada esquina, en cada plaza, en cada mirada. Pero no se reduce tampoco y sin más este cuaderno a un recorrido visual por Lisboa. Trasluce sobre todo un viaje interior, la reflexión de un esteta sobre el arte de viajar, sobre la importancia de detenerse a observar, de dejarse sorprender por lo inesperado, de conectar con la gente y la cultura del lugar. Miguel Bastante nos invita a seguir sus pasos, a perdernos por las calles de Lisboa sin rumbo fijo ni plan prefijado, a descubrir la ciudad a nuestro propio ritmo, con la curiosidad y la inocencia de un niño con todo un mundo por descubrir y vivir.

Entre sus páginas, el lector hallará apuntes sobre la historia y las tradiciones de Lisboa, anécdotas de su gente o recomendaciones de restaurantes y cafés; pero, sobre todo, podrá disfrutar de la visión personal y única de un artista que ha sabido captar la magia de esta ciudad milenaria. Sus palabras, sencillas y evocadoras, encierran una buena dosis de *saudade*, ese sentimiento de nostalgia y añoranza tan portugués que sugiere la belleza de lo efímero, invitando a vivir el presente con intensidad.

Sin lugar a dudas, puede considerarse este libro un regalo para los sentidos, pero también una carta de presentación original y creativa de la ciudad portuguesa. Déjese el lector seducir por sus páginas, sumergirse en sus colores y texturas o deleitarse con la limpidez de sus palabras. A quien no haya tenido aún el placer de conocerla, me atrevo a augurarle que, tras haber leído este libro, quizás arda en deseos de visitar Lisboa por primera vez, de atravesar sus calles animado por la mirada del artista, de descubrir la ciudad que se esconde detrás de las postales y los tópicos; pero también le ocurrirá a quien ya la haya visitado, una o muchas veces, pues este cuaderno le ofrecerá el estímulo necesario para

querer volver a viajar a la capital lusa desde una nueva perspectiva y así
redescubrirla como por primera vez.

Porque Lisboa es, a todas luces, una ciudad para vivirla, para sentirla,
para amarla. Y este cuaderno de viaje, testimonio de un artista andaluz
en Lisboa, es una manera ideal de empezar a hacerlo.

José Antonio Cabrera Rodríguez

«Mis amigos son todos así: Mitad locura, otra mitad santidad. No los escojo por la piel sino por la pupila, que ha de tener un brillo cuestionador y una tonalidad inquietante. Escojo a mis amigos por la cara lavada y el alma expuesta. No quiero solo el hombro o el regazo, quiero también su mayor alegría. El amigo que no sabe reír conmigo, no sabe sufrir conmigo...».

«Estoy sentado a mi mesa, con mi papel y mis plumas, y de pronto me asalta el misterio del universo; me detengo, tiemblo, siento miedo, y me gustaría dejar de sentir, ocultarme, golpear la cabeza contra la pared. Feliz aquel que es capaz de pensar profundamente; pero sentir con esa profundidad es una maldición».

Fernando Pessoa

Regreso a Lisboa

Por fin, de vuelta a Lisboa. Dicen que es la ciudad más antigua de Europa, la ciudad de las siete colinas, de los miradores y barrios llenos de historias. Para mí, sin duda, es la ciudad más hermosa y caótica que me ha hecho tantas veces feliz, y que me ha acompañado en el recuerdo, dejándome nostálgico en mi regreso al hogar. Los portugueses lo suelen llamar *saudade*, echar de menos en cuerpo y alma, deseando constantemente regresar a lo que amas. En esta ocasión, un lápiz y un cuaderno fueron mis compañeros de viaje para subirme a donde quiera que me llevara esta aventura, sin prisas, pero con las ganas de recoger uno más de mis encuentros con Lisboa. Coloqué en mi mochila papel de acuarelas para sentir la ciudad, cual notario fiel dispuesto a certificar una atmósfera que me cautivó desde la primera vez que pisé sus calles. He procurado dejar constancia de cada uno de los pasos que me llevaron a tomar el pulso de esta ciudad para ofrecer luego este apresurado diario como invitación a quienes busquen dejarse llevar por una ciudad recogida en su historia y por el bullicio de sus calles, asomándome a sus barrios que miran y respiran el mar desde lo alto, o cruzando plazas y paseos. He procurado dar a conocer los escondidos rincones pintorescos y descubrir las grandes avenidas de una capital europea que son trasunto de un recorrido por las cinco últimas centurias de Lisboa, por su historia latiendo sobre el plano. He querido compartir esta experiencia y dibujar la ciudad desde sus fachadas, asomado desde sus azoteas o encaramado bajo sus tejados, andando por una ciudad que guardo a todo color en mi memoria y cuyas vivencias quedarán estampadas en estas páginas, fiel reconstrucción de la ciudad que hace años me cautivó.

Este trabajo es el relato a lápiz de los retazos de una capital emplazada en los confines más occidentales de Europa, en torno a las riberas últimas del Tajo allá donde se va a confundir con la mar. La vida lisboeta aquí rememorada transcurre entre dos hitos arquitectónicos e históricos alejados en el tiempo, la torre Vasco de Gama, erigida para la Expo del 98 y dedicada a los océanos como armazón de un futuro venturoso; y la torre de Belém, construida en 1516 por el rey Manuel I o *Bem Afortunado* como fortaleza defensiva y guía para unos navegantes (quienes, a su servicio, abrieron la ruta hacia las Indias por el cabo de Buena Esperanza y, posteriormente, hacia las tierras recién descubiertas del Brasil). Modernidad e historia confluyen en un país asomado al mar Atlántico. Con estos apuntes cierro la maleta. Viajar desde Sevilla a Lisboa es solo un paseo.

Los primeros bocetos realizados en esta ciudad los fui pergeñando en el camino. Antes de salir de Andalucía ya tenía una idea de cómo quedaría en el papel la Baixa, el barrio más céntrico y animado de Lisboa. Fui esbozando en mi mente un dibujo panorámico de la plaza más concurrida, la Praça do Comercio, con sus tranvías traqueteando la más típica imagen de Lisboa; y, ya dejando atrás las últimas estribaciones de la Sierra Morena, camino de Serpa, recordé el Chiado desde la Baixa, o Alfama con el Castillo de San Jorge y el elevador de Santa Justa del Barrio Alto. Lisboa se apelotonaba en mi memoria. Me adentraba ya en el Alentejo cuando meditaba sobre los apuntes de la Praça do Comercio que estaba decidido a esbozar nada más llegar a la ciudad, y me llamaba el barrio de Alfama, uno de los más antiguos y con más sabor de Lisboa. Así ocurrió.

Tras llegar a Lisboa, dejar aparcado cerca del hotel el coche y deshacer en la habitación la mochila y las maletas, corrí con ansiedad a la Praça do Comércio para dibujar los primeros apuntes y tomar enseguida el tranvía 28 e ir directo hacia Alfama. Comenzaba, sin tiempo para el descanso, un viaje a Lisboa armado de lápiz, papel y amor por una ciudad que te atrapa desde la primera vez que la visitas.

Al poco de tomar los primeros apuntes de la Praça do Comercio, me encontraba en el viejo Alfama, ilustrando bocetos de los balcones y fachadas de aquellos edificios históricos al más puro estilo manuelino, trazando sobre el papel una panorámica del barrio, divisando el Tajo desde sus espectaculares miradores. Sorprende comprobar como desde cualquiera de ellos se puede contemplar el gran río hasta perderse la vista en el horizonte; una escena sublime para vislumbrar el cauce de un curso de agua que fluye silencioso y tranquilo, apenas alterada aquella paz por el cercano transitar de los viejos tranvías, el parlotear de los turistas o el piar de los pájaros. Antes de regresar a la zona baja, quise subir hasta el mirador da Senhora do Monte, situado en uno de los puntos más altos de Lisboa. Allí, rodeado de pinos, sin notar el paso de las horas, continué tomando apuntes, notas apresuradas con un lápiz que, como quien lo manejaba, no conocía el descanso. Fueron desvelándose sobre el papel vistas de toda la ciudad, el castillo de San Jorge, las ruinas abiertas al cielo del convento do Carmo y toda la Baixa. Al terminar, retomé el tranvía 28 hasta la Catedral da Sé y nuevamente fui de vuelta a la Praça do Comercio. Ya habiendo anochecido, lápiz y viajero estaban descansando en el hostal.

Desperté con la luz cegadora de Lisboa en los ojos. Las cortinas estaban descorridas y despuntaba la mañana con el sol en lo alto. Armado de los rudimentos mínimos del dibujo y con prisas por retratar la ciudad, casi olvidé tomar un desayuno ligero. En las puertas mismas del hotel y observando el ir y venir de la gente, sentí cierto vacío en el estómago. Media vuelta y al desayuno internacional. Repuestas las fuerzas, llegué en pocos minutos al oeste de la Baixa, disfrutando al abocetar mis impresiones por las calles del Barrio Alto y el Chiado. Al toparme con la plaza Luís Camões, frente al café A Brasileira, dirigí la vista y el lápiz hacia Pessoa, hacia la conocida estampa del escritor apoyado pensativo sobre una mesa, descansando quizás de sus paseos para encaminarse más tarde hacia Chiado. Poco después hice otra parada para abocetar las vistas de sus grandes miradores, como el de San Pedro de Alcántara o el de Santa Catarina. Tal vez, uno de los bocetos que me pareció más complejo por su perspectiva fue el Elevador de Santa Justa, construido en pleno centro turístico, conectando la Baixa con el Barrio Alto. Como era de esperar, este momento llamaba al asueto para subir al espectacular mirador donde disfrutar de un rato de esparcimiento en la pequeña cafetería ubicada en su parte superior.

De vuelta a la Plaza del Comercio, me dirigí a la ribera del Tajo para perderme por el barrio de Cais de Sodré, uno de los mejores lugares para comer en Lisboa y donde no pudo faltar la visita al Mercado da Ribeira. Es en el corazón de este barrio donde se encuentra la Praça do Municipio y el Ayuntamiento. Comer en Lisboa es un dilema difícil de resolver. La cocina lisboeta participa de un particular y característico diccionario gastronómico que recorre de norte a sur todo Portugal. La tomes por donde la tomes, la carta te va a sumergir en un mar de dudas: *bacalhau à brás*, *caldeirada*, *porco à alentejana*, *caldo verde*, *sardinhas*, *feijoada de lingueirão*, *frango piri piri*, *uma francesinha*, y *pastéis de Belém* o *pão de ló* para culminar una experiencia única y maravillosa.

Tras parar para comer en una limpia y acogedora taberna, tomé el moderno tranvía 15 para, desde Cais de Sodré, disponerme a recorrer las zonas más alejadas del centro, como el barrio de Belém y lo que viene a ser una postal insignia de Lisboa, el conjunto de la torre de Belém y el Monasterio de los Jerónimos. Este tranvía circula por la Avenida 24 de julho, uniendo el levante con el poniente de Lisboa, de modo que una vez pasado el barrio de Cais do Sodré, pude hacer un alto en el barrio de Madragoa para visitar el Museo de la Marioneta. De nuevo en el tranvía, más o menos a mitad de trayecto, cuando la avenida pasa a llamarse Avenida da Índia, me detuve a visitar el Museo de Oriente. Luego, reanudé mi recorrido en el 15 hasta el Barrio de Belém, donde pude merendar y tomar un café en Pastéis de Belém. Por aquella zona, a orillas del río, seguí inundando de luz mi cuaderno de campo, tanto en el Museo de Arte, Arquitectura y Tecnología, como en la torre de Belém recortada entre el mar y el sol.

Todos estos lugares son los que he dibujado y sentido, bocetos que quedan recogidos tal cual en este libro que el lector tiene ahora en sus manos. A veces, el cuaderno ofrece una breve estampa o un edificio, otras, un espacio arquitectónico y, en ciertos momentos de asueto, lo que tenía sobre un mantel o delante de mis ojos; bocetos que completan un cuaderno de campo que retrata, en breves y sueltas pinceladas, lo que ve y siente un forastero atrapado, tiempo ha, en la mágica visión de una ciudad encantadora: Lisboa.

Miguel Bastante

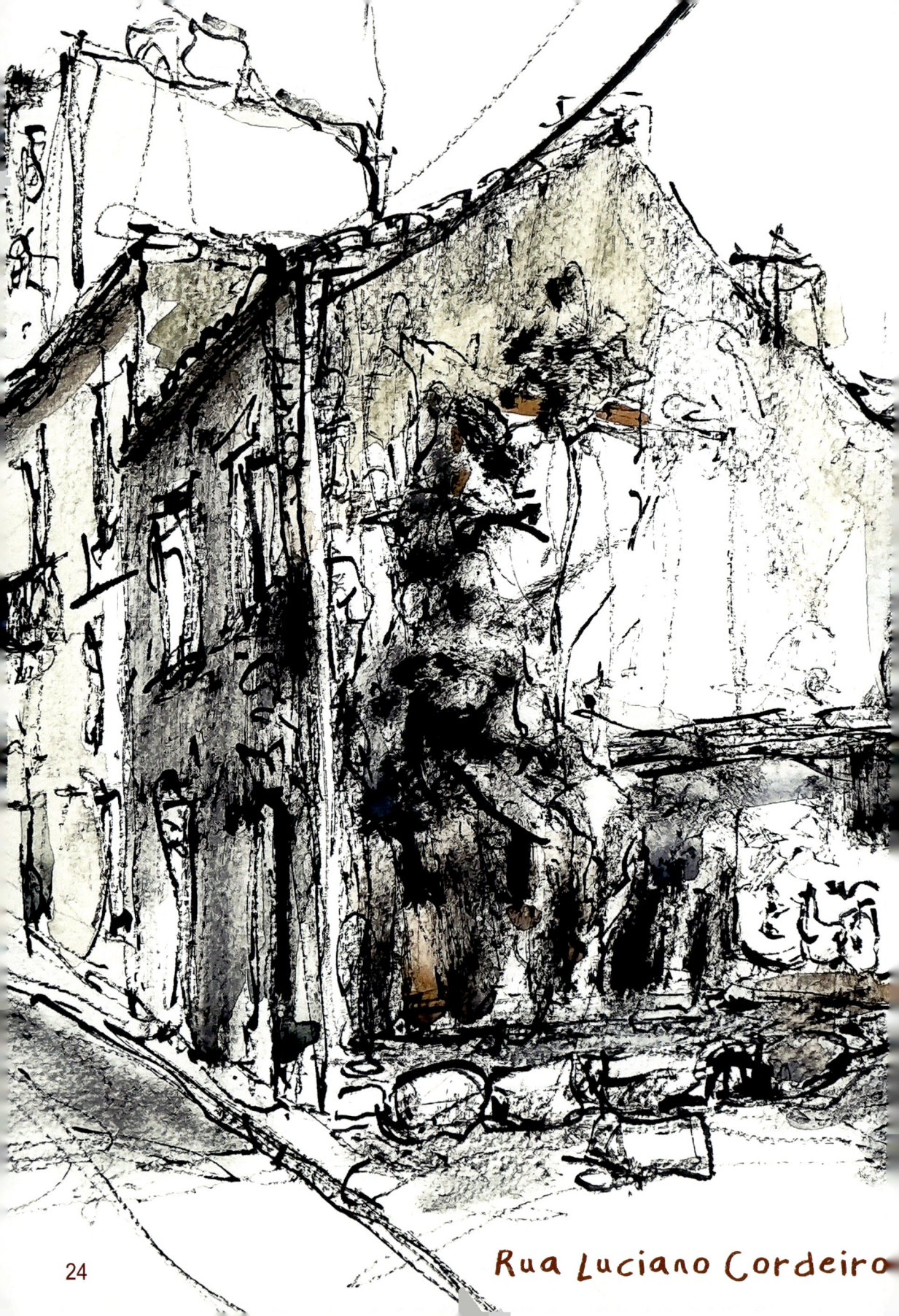

Rua Luciano Cordeiro

Primeros pasos
El Hostal y un lugar donde comer

El lugar elegido para montar el campamento los pocos días que pasé lápiz en mano recorriendo Lisboa, fue un hostal situado en la Rua Luciano Cordeiro, paralela a la Avenida da Liberdade y próxima al Parque Eduardo VII. De regreso al hostal después de la primera salida, pude casualmente descubrir un pequeño restaurante cuya entrada se encontraba junto a una casa derruida. Al fondo un patio con pozo central rodeado

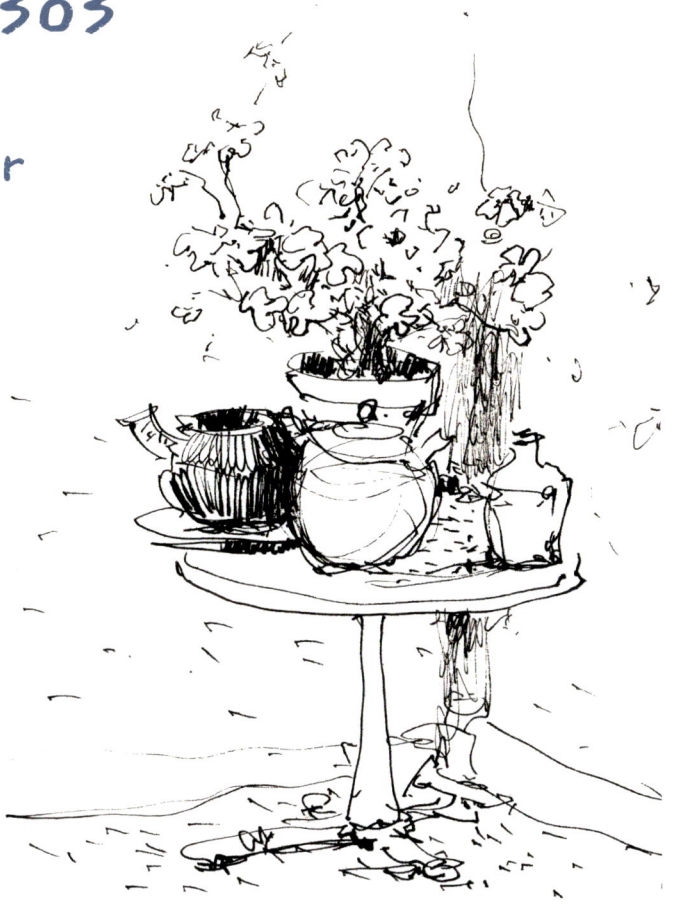

¡Está daqui!

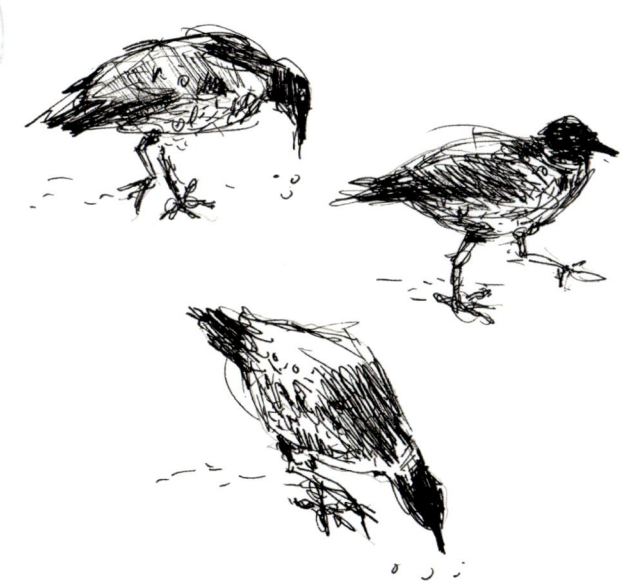

de plantas y flores entre las que revoloteaban algunos pajarillos. En este lugar tan ideal estuve haciendo unos bocetos en los que intenté desvelar los sentimientos de libertad y armonía que me transmitía aquella tranquila y agradable casa tan aparentemente alejada del mundo. Un amable camarero me trajo una suave cerveza Sagres y el agradable contraste de unas aceitunas negras brillando en un cuenco de cerámica blanca.

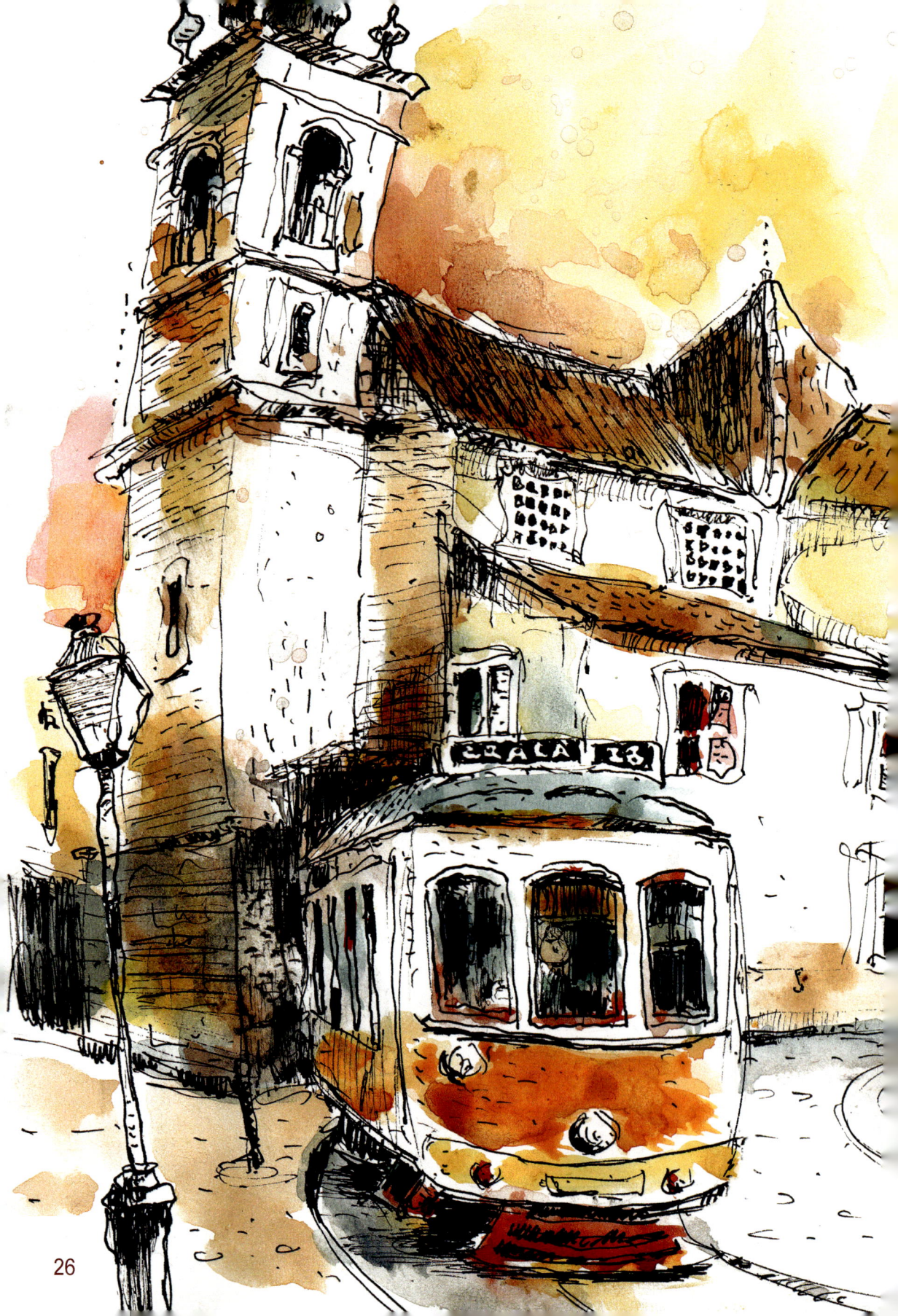

El 28 y el Hills

Los tranvías

El primer trayecto que me llevó algo lejos del hostal lo recorrí a bordo del tranvía 28, un coqueto y centenario vehículo que bamboleando y a veces quejumbroso no para en todo el día de recorrer las calles de Lisboa. Acomodado en su interior de madera, me hice asiduo a estos tranvías de color amarillo que se han convertido en todo un emblema de la capital portuguesa. Conocido por los lisboetas como «el eléctrico 28», debe su fama a la amplia extensión de su recorrido; atravesando la mayoría de los lugares más destacados de Lisboa. Recuerdo subirme a él en la parada Rua da Conceição de la Baixa y, desde allí, visité los barrios de Graça, Martim Moniz y Alfama, hasta llegar al Castelo de São Jorge. Poco después, puse de nuevo rumbo a la Baixa, con parada en la Catedral de la Sé. Me llamó la atención comprobar como esta red de tranvías antiguos en circulación se halla perfectamente integrada en la moderna capital portuguesa. La alegre experiencia del 28 me hizo repetir y ya todos los días lo estuve usando para los desplazamientos. No es el 28 el único tranvía recomendable, pues son muchos los que circulan por Lisboa, tanto los más antiguos y denominados Remodelados, como los modernos Siemens o Articulados.

¡El mítico tranvía!

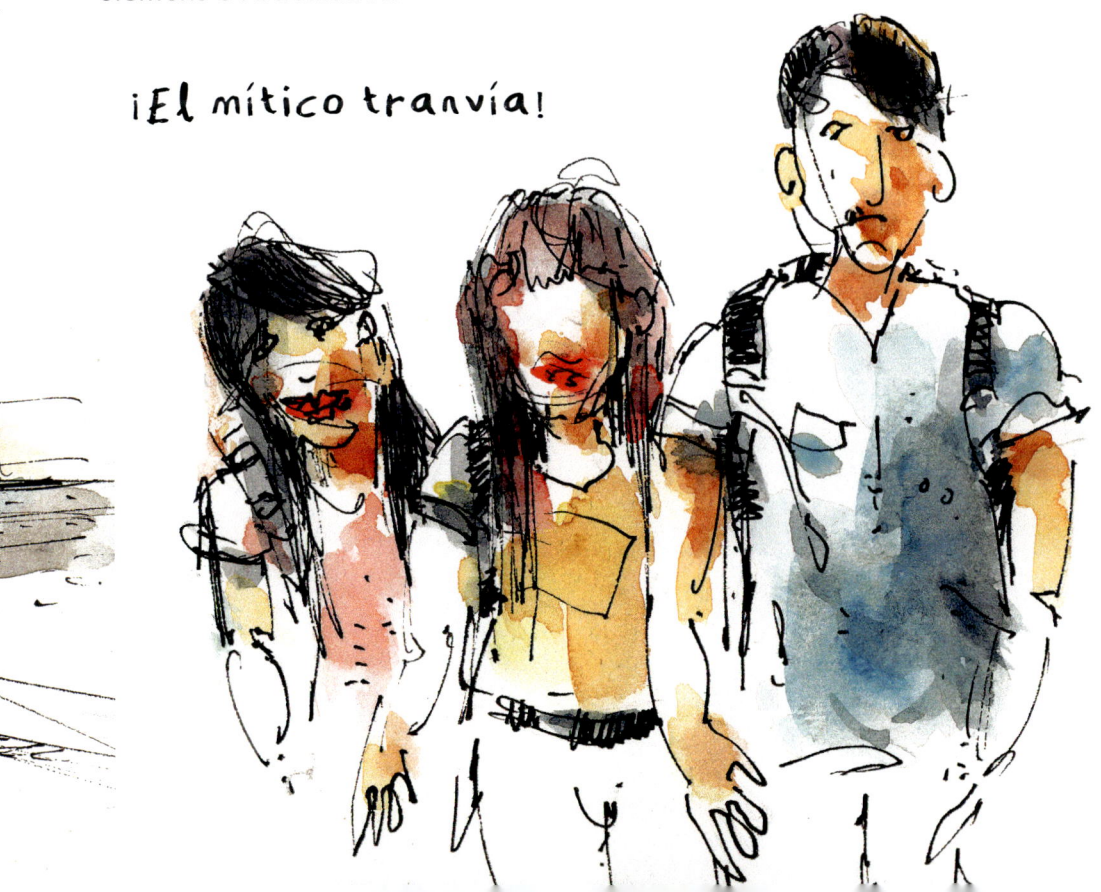

El otro tranvía que utilicé para subir al barrio Alto y al Chiado, fue el *Hills*, al que para distinguirlo de los amarillos se le suele llamar «el rojo». Este es uno de los más turísticos y a la vez antiguos tranvías de Lisboa. El billete es algo más caro que el de los amarillos, pero sirve para todo el día y tiene estratégicas paradas a lo largo de su recorrido, por lo que para mi tarea de dibujar Lisboa me venía de perlas. Me llevaba a todos lados, desde la Praça do Comércio y Martím Moniz hasta el barrio de Graça, el Chiado, São Bento, Estrela, la catedral de la Sé, hasta volver de nuevo a la Praça do Comércio.

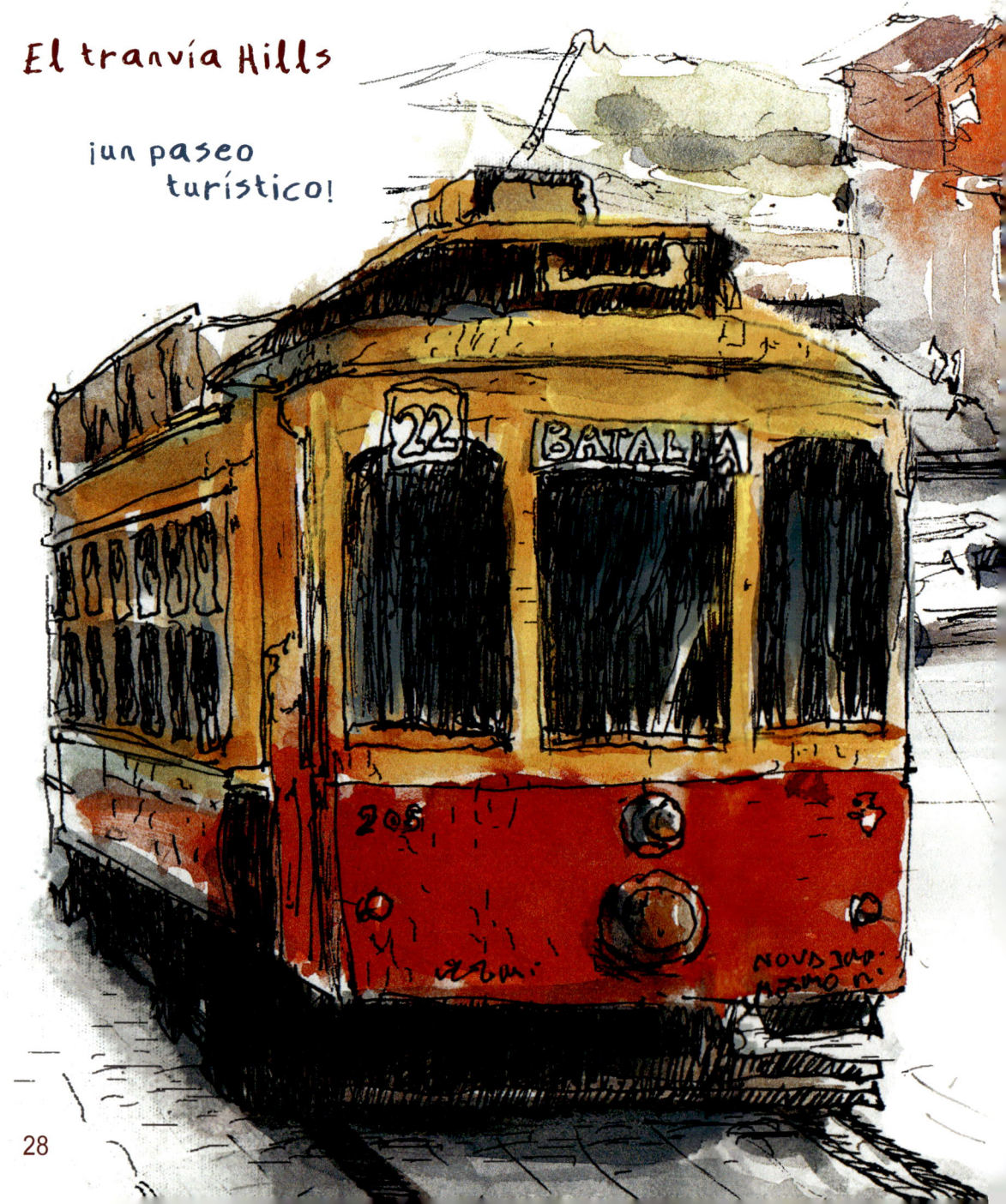

El tranvía Hills

¡un paseo turístico!

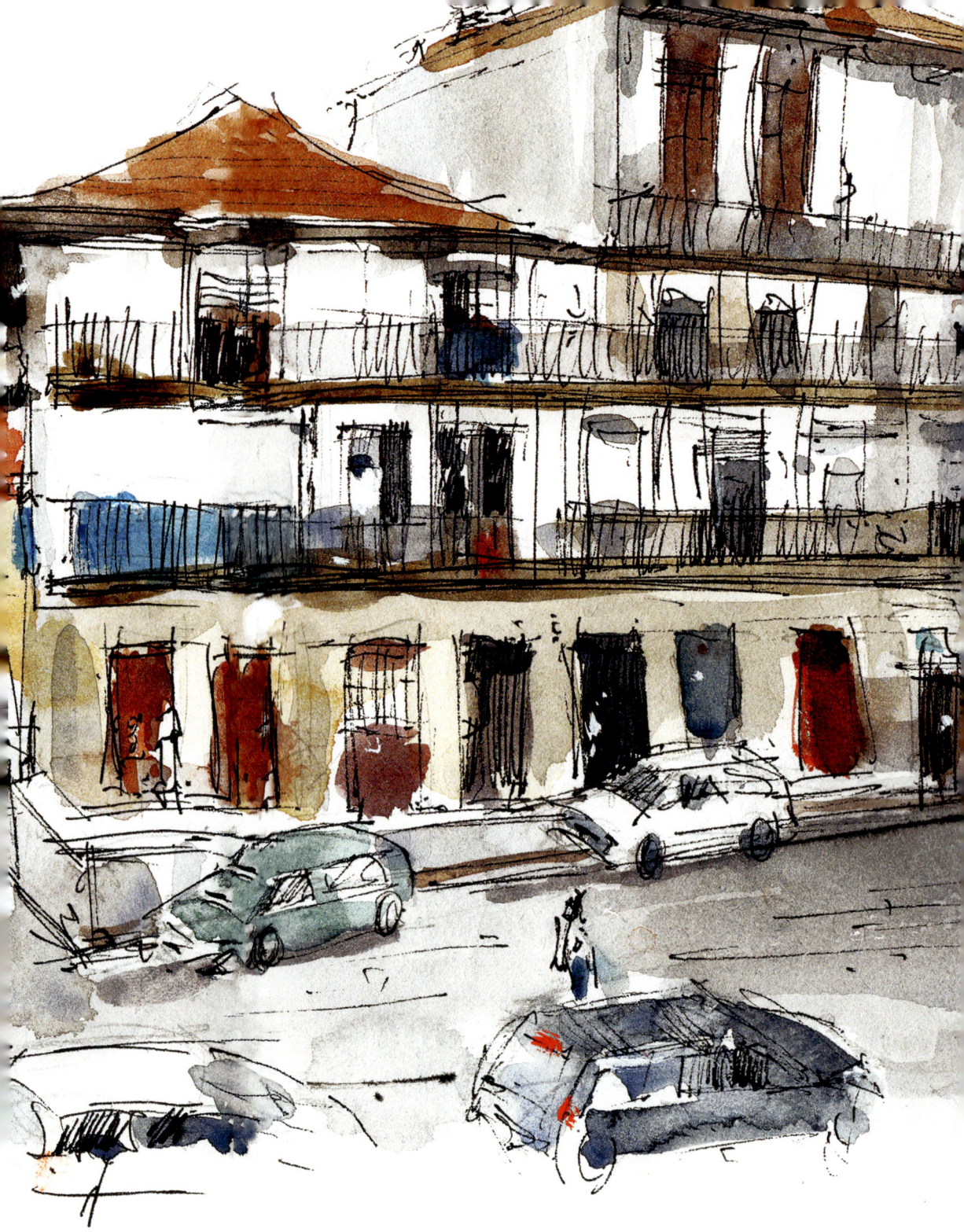

Tanto fue así que pude bajarme nuevamente en todas las paradas de su circuito: Praça do Comércio, Martím Moniz, el barrio de Graça, Chiado, São Bentio, Estrela, la catedral de la Sé, hasta concluir en la Praça do Comércio.

Praça do Comercio

Una vez alojado y apenas abierta la maleta, os estaba contando que salí con la mochila del hotel por no desaprovechar el tiempo. Abrí las páginas del cuaderno en la Baixa, donde realicé unos primeros apuntes de lo que es el centro comercial de Lisboa rehabilitado por el marqués de Pombal después del temblor de 1755. Es un barrio arrimado a la ribera del río Tajo con algunos de los espacios más reconocidos y reconocibles de la capital portuguesa. En seguida me encontré mirando al río que ya se va haciendo mar desde la Praça do Comércio, un espacio que te sobrecoge por su grandeza. Abruma visitar uno de los lugares más emblemáticos del mundo y

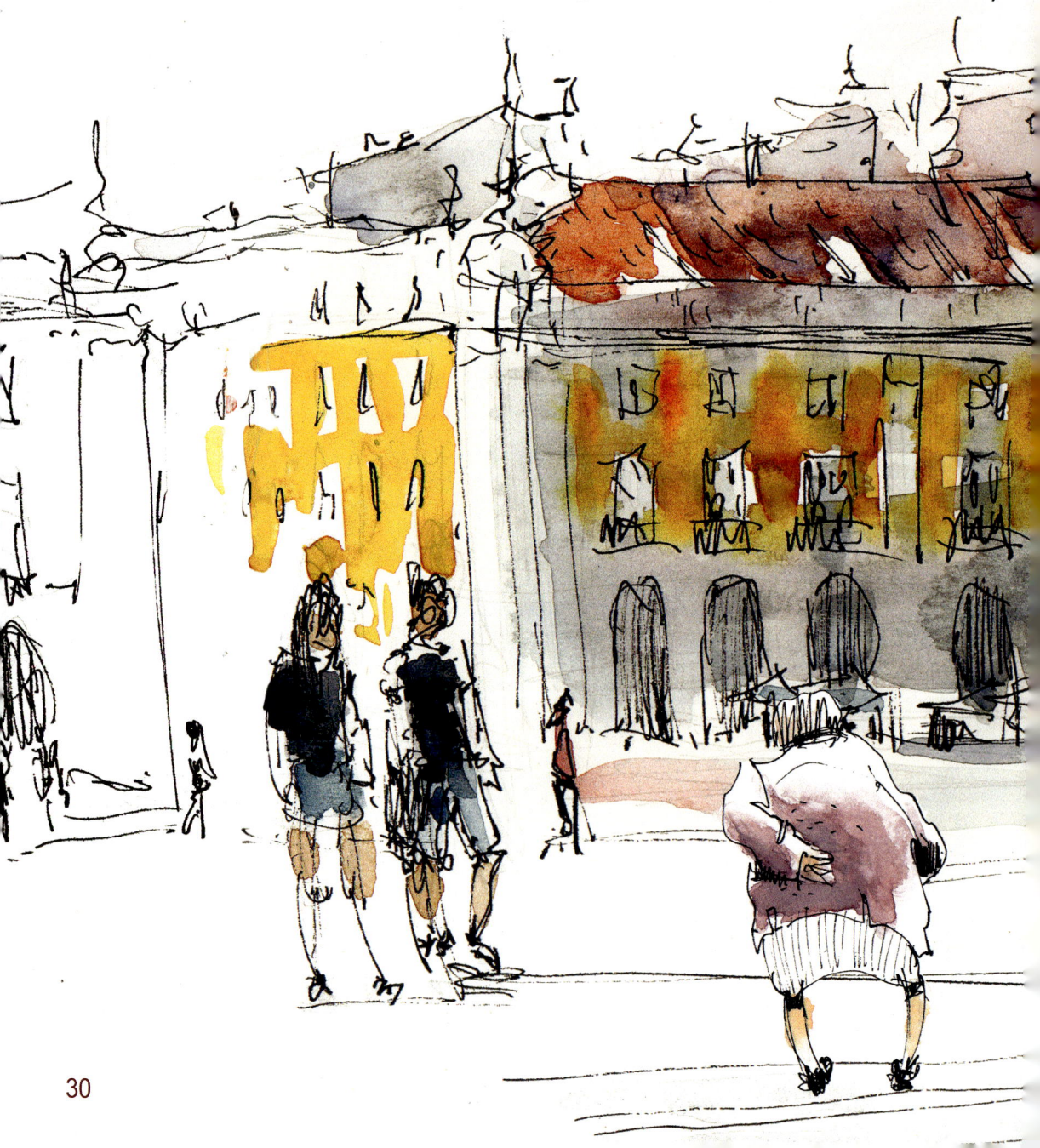

recordar como desde allí dieron inicio muchas de las expediciones hacia el Nuevo Mundo. En el centro de la plaza, donde pasé dibujando toda una mañana, pude admirar la estatua ecuestre del rey José I el Reformador, bisnieto de la onubense Luisa Francisca Pérez de Guzmán, o Luisa de Gusmào como la llaman aquí, la reina regente que impulsó la definitiva independencia de Portugal. Cerrando aquel espacio, se erige un impresionante arco del triunfo con las figuras de Vasco de Gama y del Marqués de Pombal, tras el que asoma la peatonal Rua Augusta, repleta de comercios.

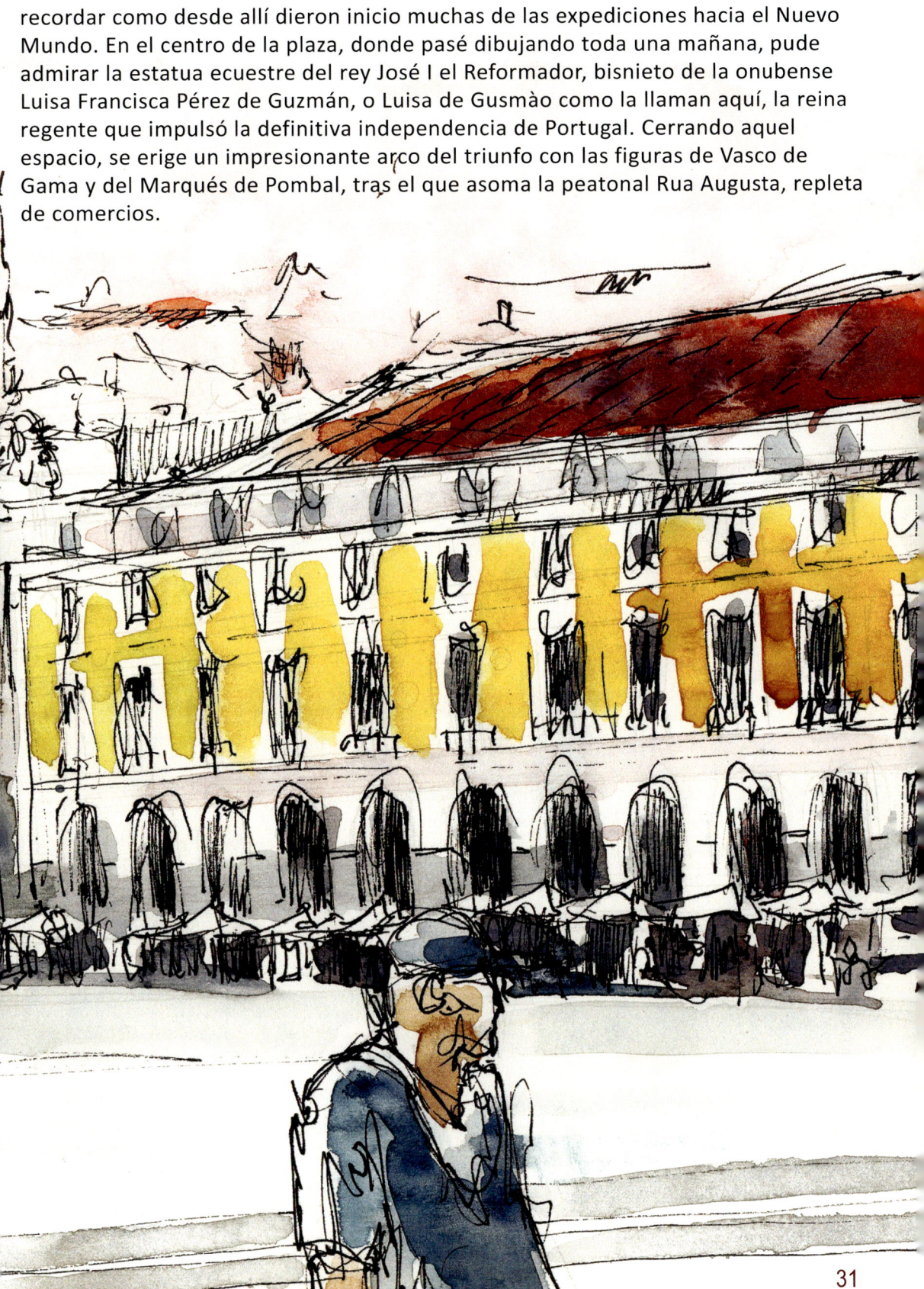

31

Miradores de Altama

Después de pasar la mañana dibujando en la praça do Comércio, me subí al tranvía 28 con dirección a Alfama. Durante el trayecto me entretuve en navegar por la web para investigar la historia de aquel paraje, descubriendo como había sido construido a finales del siglo XVIII sobre el Palacio Real de Ribeira, que al contrario de la Catedral de la Sé, no pudo resistir el trágico terremoto de 1755, quedando totalmente en ruinas. Subiendo cuestas desde la Baixa alcancé uno de los miradores más sorprendentes de Alfama: el de las Puertas del Sol. Allí compuse varios dibujos con vistas al Tajo, recorriendo con la mirada una panorámica general de tejados, cúpulas y torreones. No me fue sencillo acceder al Castillo de San Jorge o Castelo dos Mouros, una fortaleza musulmana del siglo IX. El camino debe hacerse a través de empinadas calles de adoquines que van cruzándose y atravesando pequeñas plazoletas en las que se arraciman casas de colores. Graça

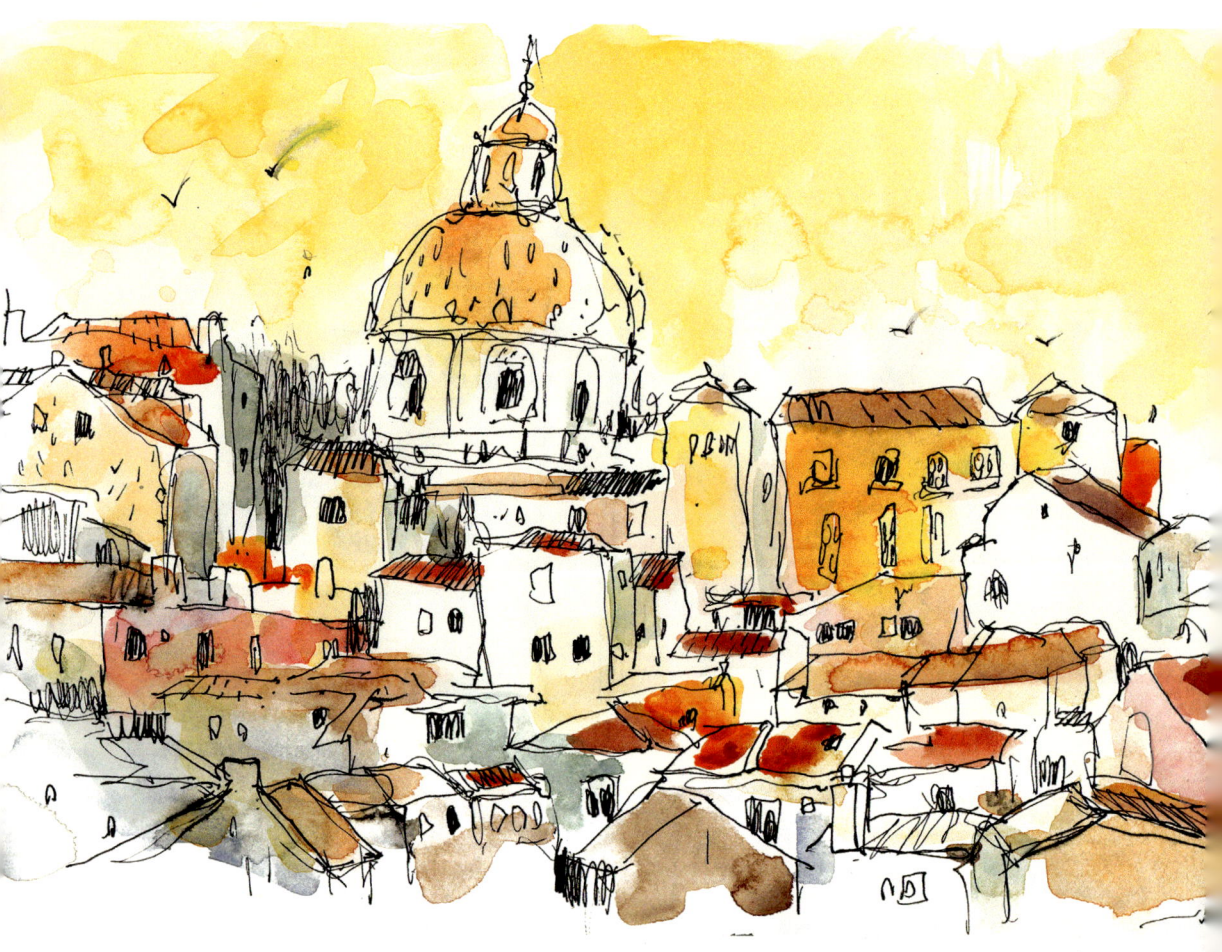

es barrio en el que una población marinera se fue instalando laderas arriba del Castelo de Sáo Jorge que culmina la colina más alta de la ciudad. Más adelante visité otros miradores, como el de Portas do Sol y el de Santa Luzía, hasta llegar a la ribera del río y detenerme para entrar en la Iglesia de la Sé, la Catedral de Lisboa.

El nombre de Alfama proviene del árabe *al-hamma*, que significa baños o fuentes, y fue el principal foco de crecimiento de la población musulmana tras la conquista de Lisboa. Hoy es un atractivo barrio en el que a decir de los expertos se puede escuchar el mejor fado de toda Lisboa.

"al-hamma"

El lugar donde se encuentran los belvederes más bellos de la ciudad

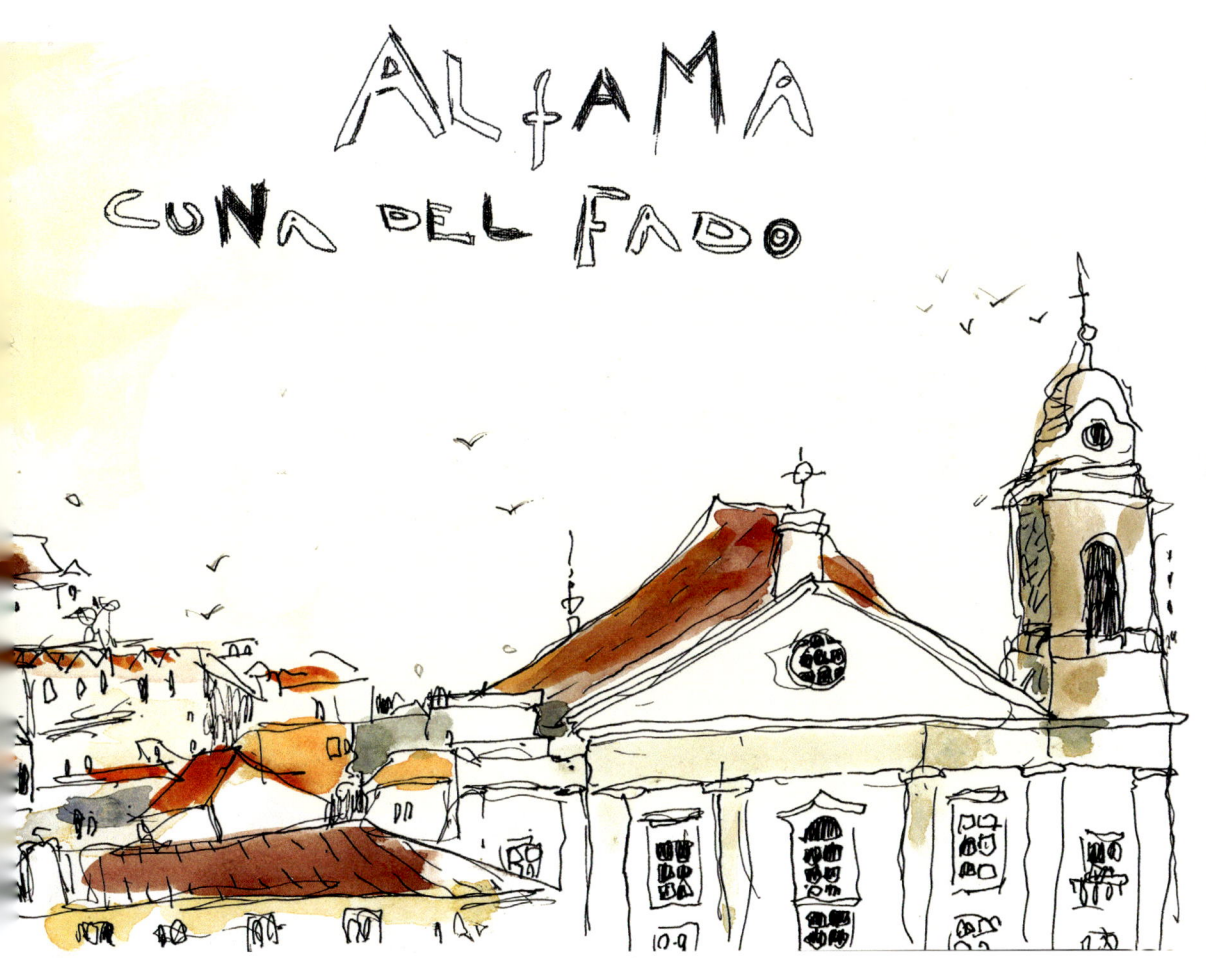

ALfAMA
CUNA DEL FADO

Barrio de Graça

Desde Alfama volví a montarme en el tranvía 28
para continuar la subida hasta el barrio de Graça,
donde se alza el Miradouro da Senhora do Monte,
junto a la capilla homónima (una peculiar ermita
de 1755 a la que acudían las embarazadas con la
creencia de atraer buena suerte para sus retoños
con tan solo sentarse sobre la piedra). Antes de
retomar nuevamente el tranvía 28, de regreso a la
Baixa, estuve recorriendo este típico barrio lisboeta.
En Graça se palpa lo popular en sus tiendas, en una
barbería o en una breve plaza donde los niños juegan
con un balón. Basta con mirar lo popular en las
fachadas que te muestran las ropas tendidas al sol y
al viento salobre.

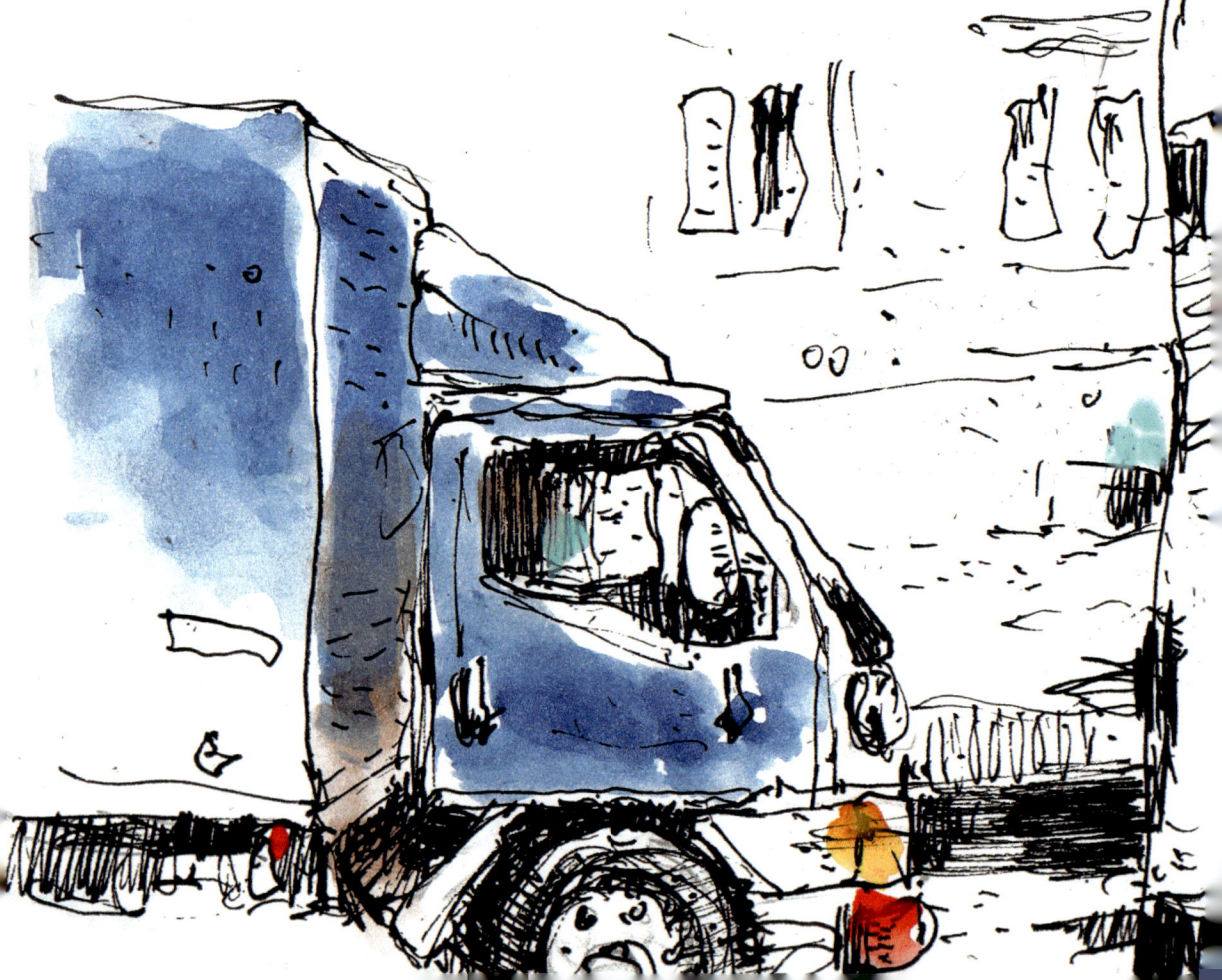

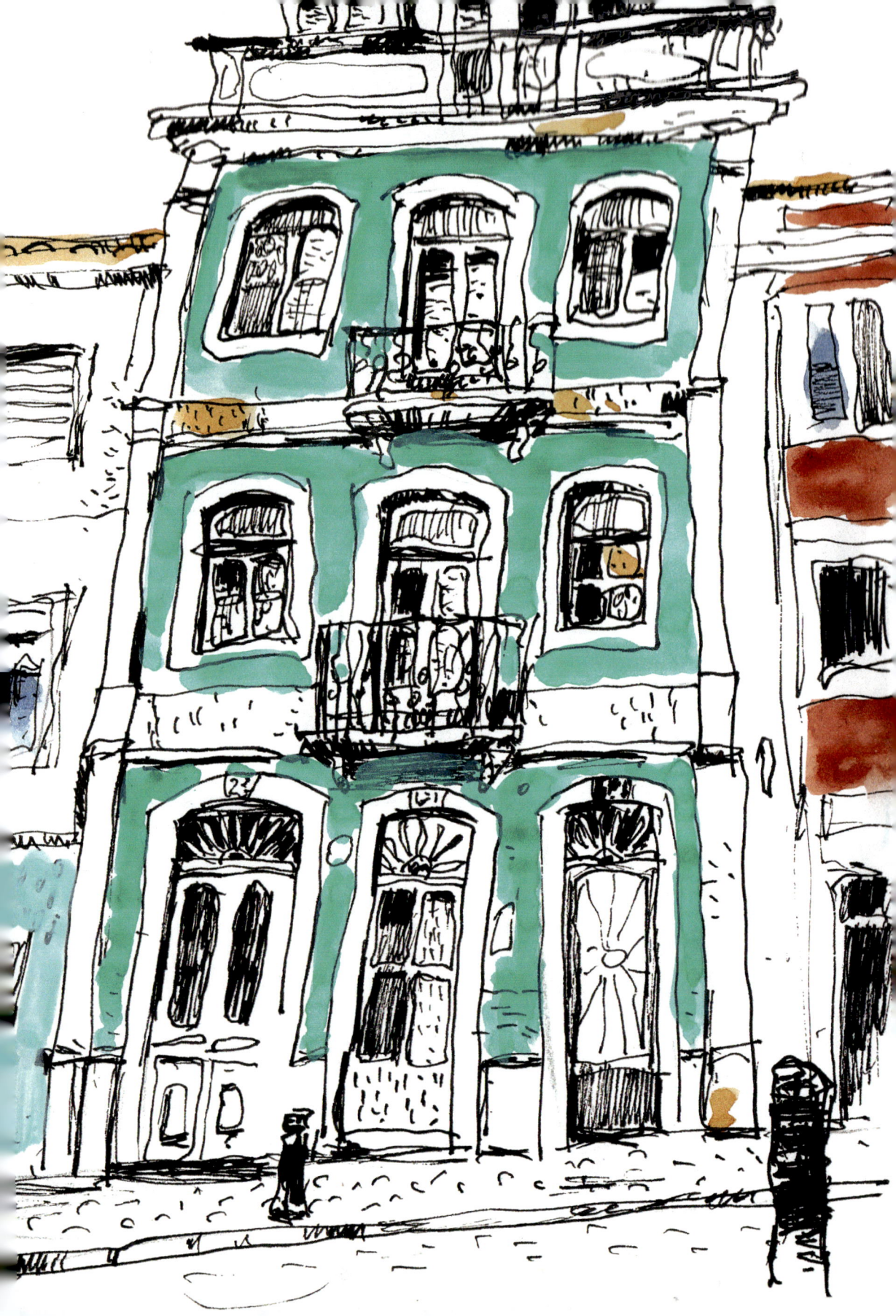

Graça y la tradición popular

Graça es un barrio histórico y al mismo tiempo popular, ubicado en la Colina de Santo André es tal vez el punto más alto de Lisboa. Por allí estuve paseando y respirando la Lisboa más pura, rodeado del bullicio en horas de comercio, calles llenas de vida que te llevan a una plaza o a un jardín, a un mirador o te muestran edificios y palacios sorprendentes a la vista de quienes gozan de una mínima sensibilidad artística.

El lápiz se deslizaba solo, notario fiel de una realidad recubierta con la tradicional cerámica portuguesa y rubricada a pie de página con los nombres que se iban agolpando en el cuaderno, desde el propio convento de Graça que da nombre al barrio, hasta el majestuoso monasterio de São Vicente da Fora, donde se encuentran las tumbas de los Braganzas y el más tranquilo jardín y Miradouro da Graça.

Allí tuve tiempo para componer algunos dibujos, como el del edificio Aronol-Productos Químicos, situado en la esquina entre la Rua María da Fonte y la Rua María Andrade, que ilustra esta página.

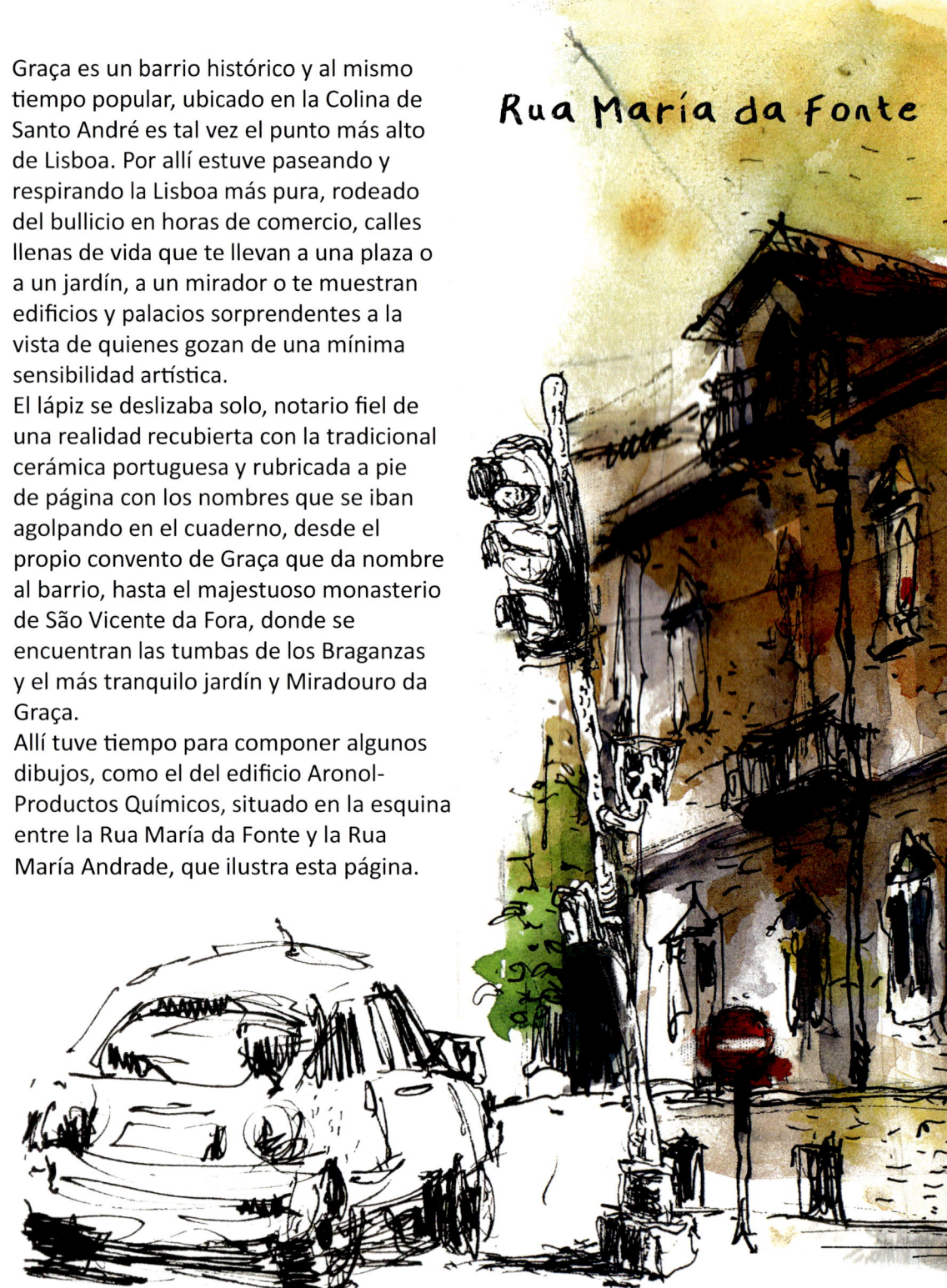

Rua María da Fonte

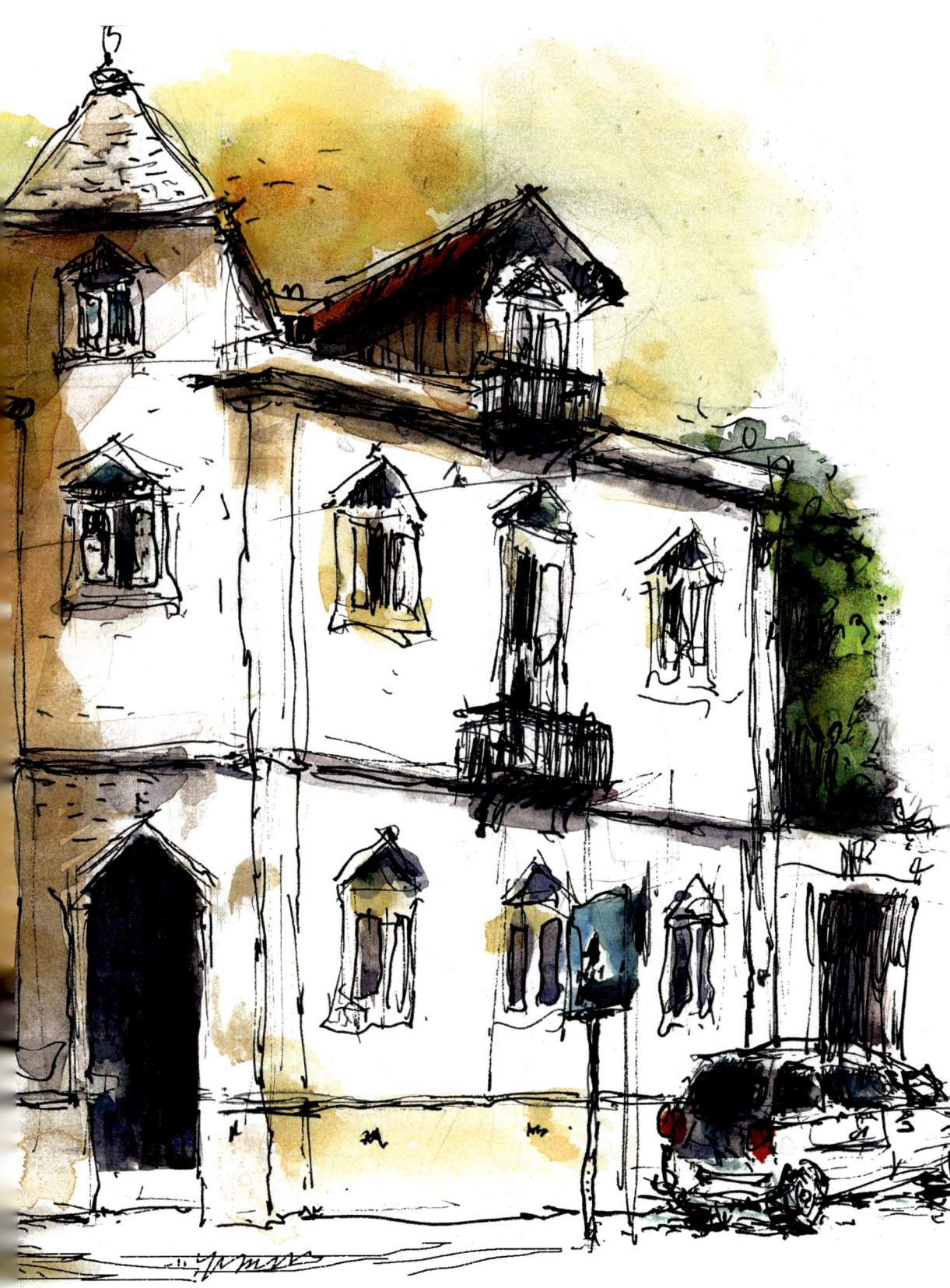

Edificios con historia

Además de la arquitectura tradicional y la austeridad del estilo
pombalino, que se localizan a lo largo y ancho de la ciudad,
sorprenden en Lisboa los monumentales edificios de estilo
manuelino, construidos durante el reinado de Manuel I, en
un tiempo caracterizado por un importante auge económico
y que viene a ser una variante portuguesa del gótico final,
exornado con exuberantes formas, simbólicas y naturalistas de
sabor marinero, cabos, corales, algas y hojas, aunque no solo
relacionados con el mar, sino también con la cábala, la críptica

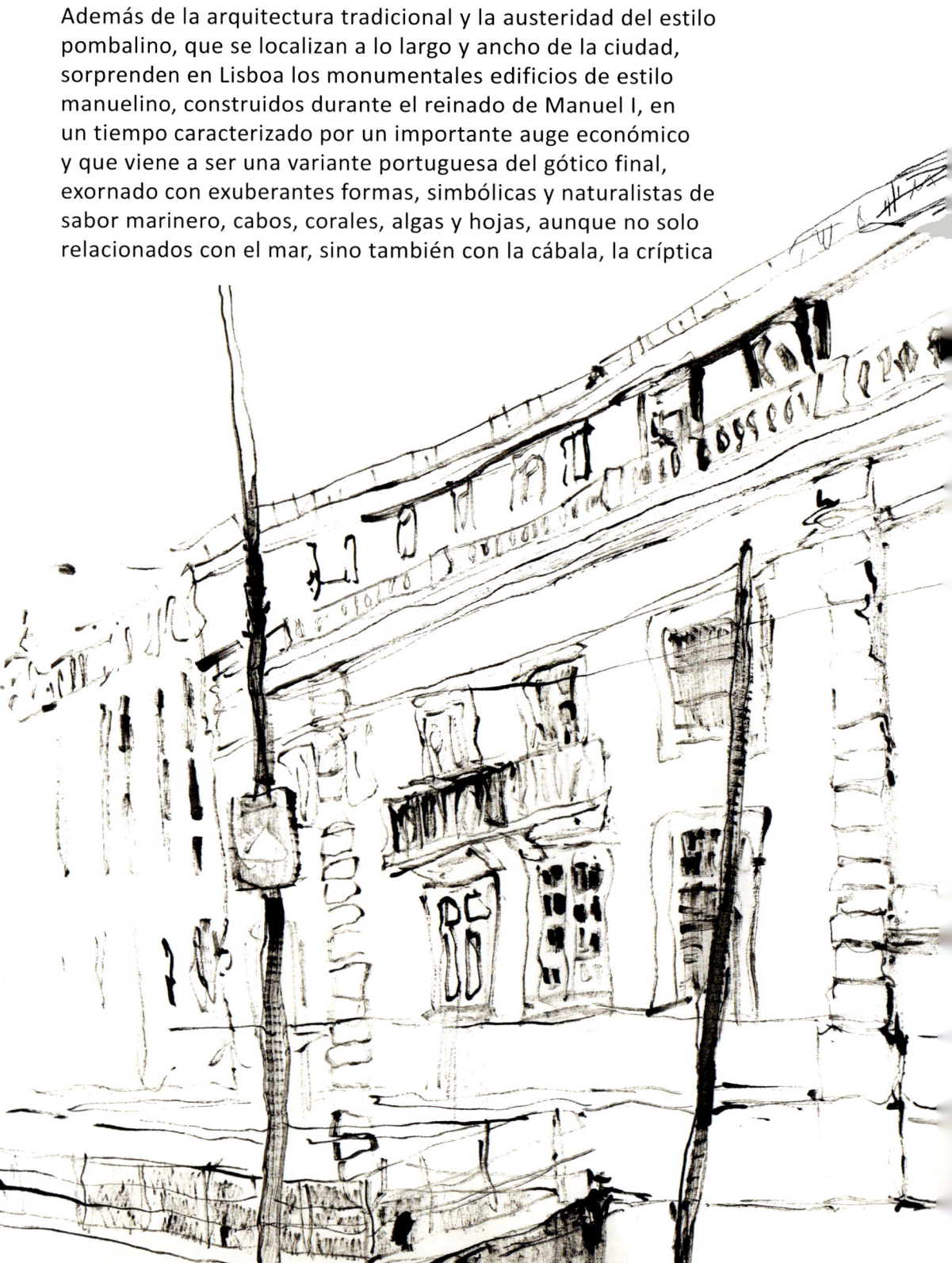

sefardita o la mera tradición popular. Desde la torre de Belém di un agradable y corto paseo hasta el cercano convento de los Jerónimos, luego al convento de la Madre de Dios y a ver la portada de la iglesia de la Concepción Vieja. Además, he podido toparme con no pocos ejemplos de edificios con una clara factura mudéjar, aquí llamada lusomorisca y de la que daré cuenta unas líneas más adelante. Los edificios de Lisboa nos cuentan la historia del país, como ocurre en toda la península ibérica, este solar compartido.

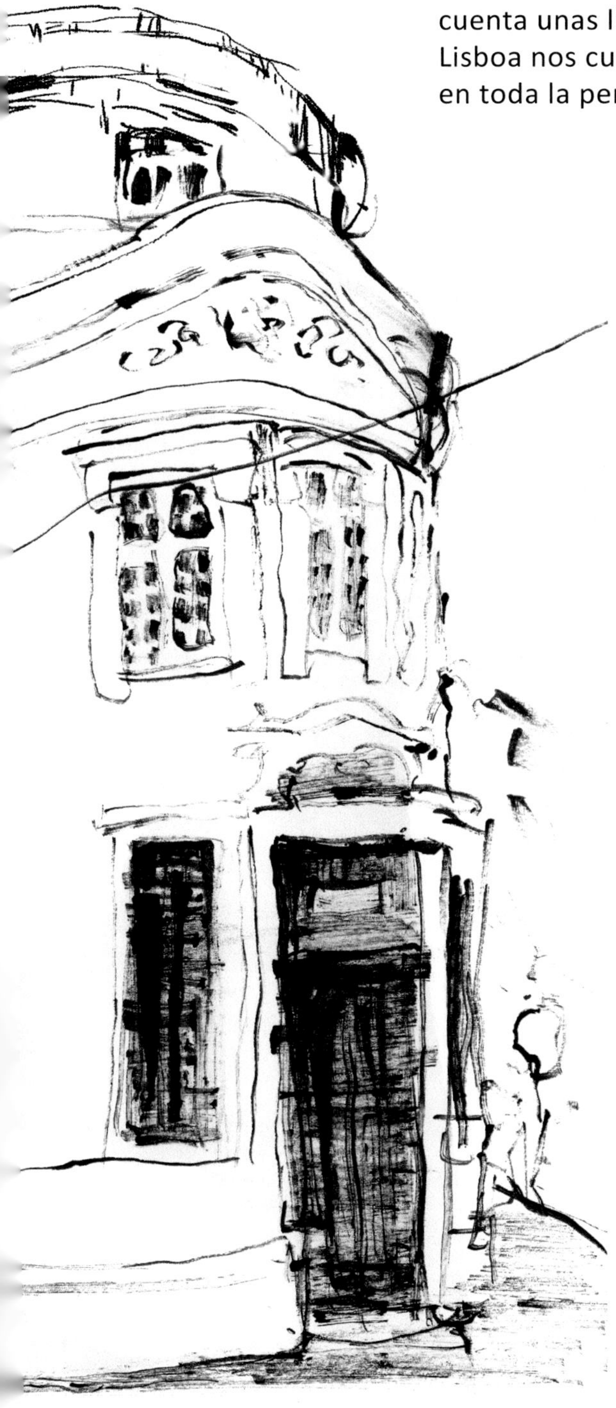

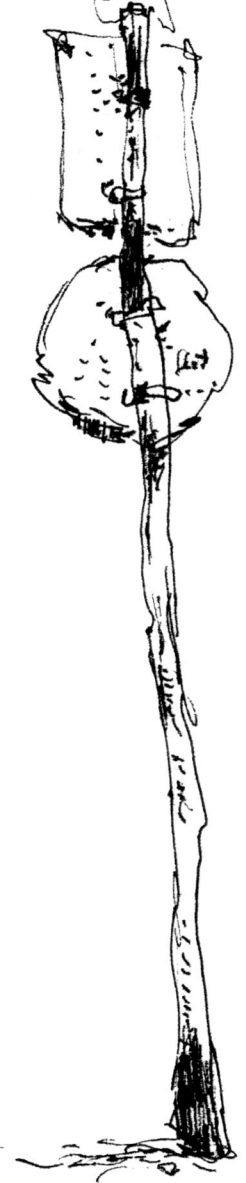

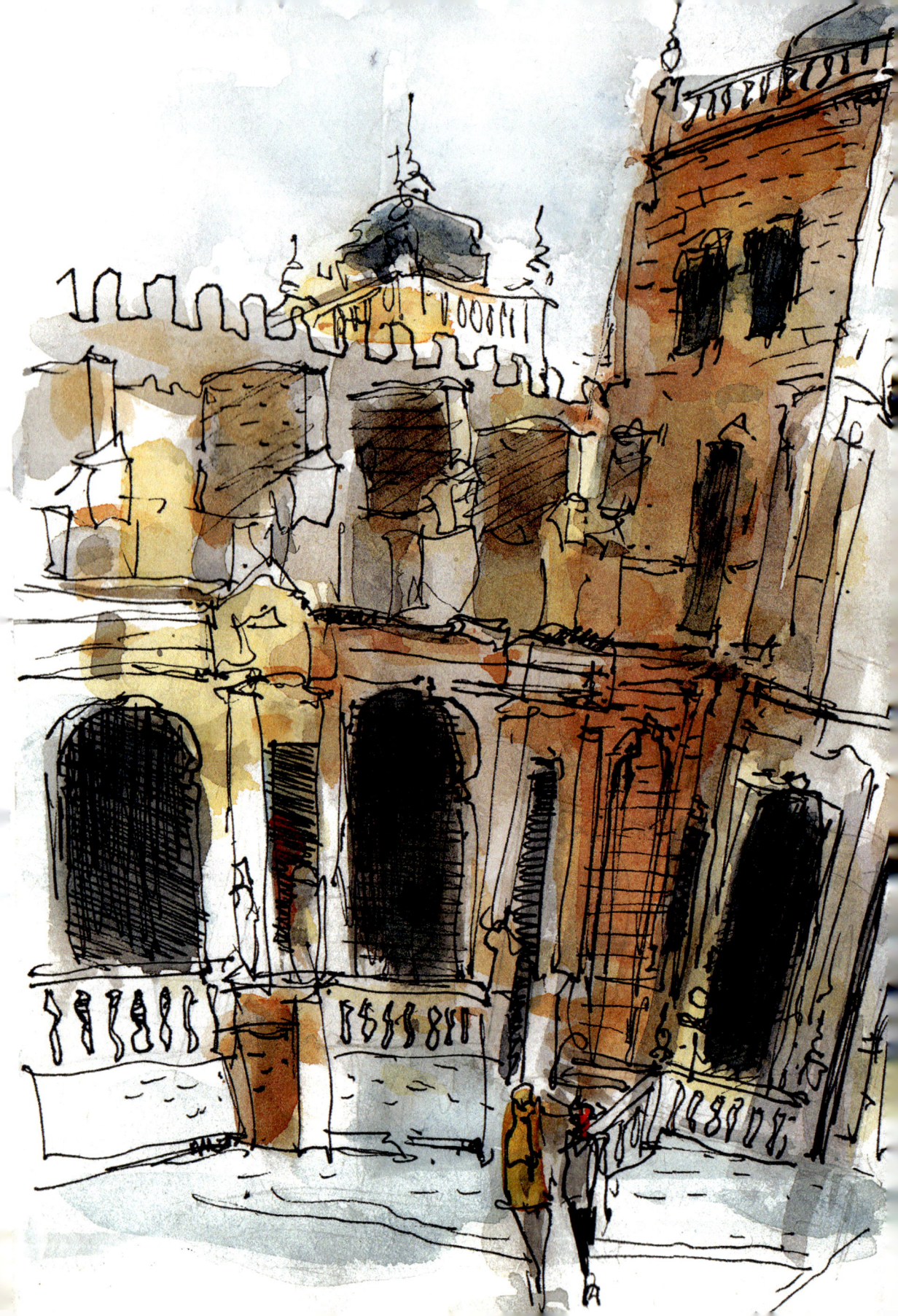

"al-Ushbuna"
La Lisboa musulmana

Además de la arquitectura típica portuguesa, fue sorprendente encontrarme con un barrio conformado por viviendas bajas y placitas soleadas, a tan solo dos pasos del centro de la ciudad. Es o parece ser un pueblo cualquiera portugués, pero es la Morería, el barrio de Mouraria, otro lugar bajo la sombra del Castelo de São Jorge, donde se respira una arquitectura de estilo mudéjar que nos lleva a la Lisboa musulmana, a *Al-Ushbuna*. El barrio de Mouraria se encuentra muy cerca del mirador de Graça, siendo el lugar al que Alfonso II el Gordo, ordenó llevar a los moriscos, musulmanes cristianizados, que seguían viviendo en la comodidad de un barrio próspero como era Alfama. Esto ocurriría algunas décadas después de que la Lisboa musulmana fuera integrada en el reino portugués en 1147. Hoy la Mouraria es un barrio donde se vive con orgullo ser el lugar donde se inició el fado, siendo un atractivo añadido el poder caminar por unas calles a las que el turismo apenas asoma.

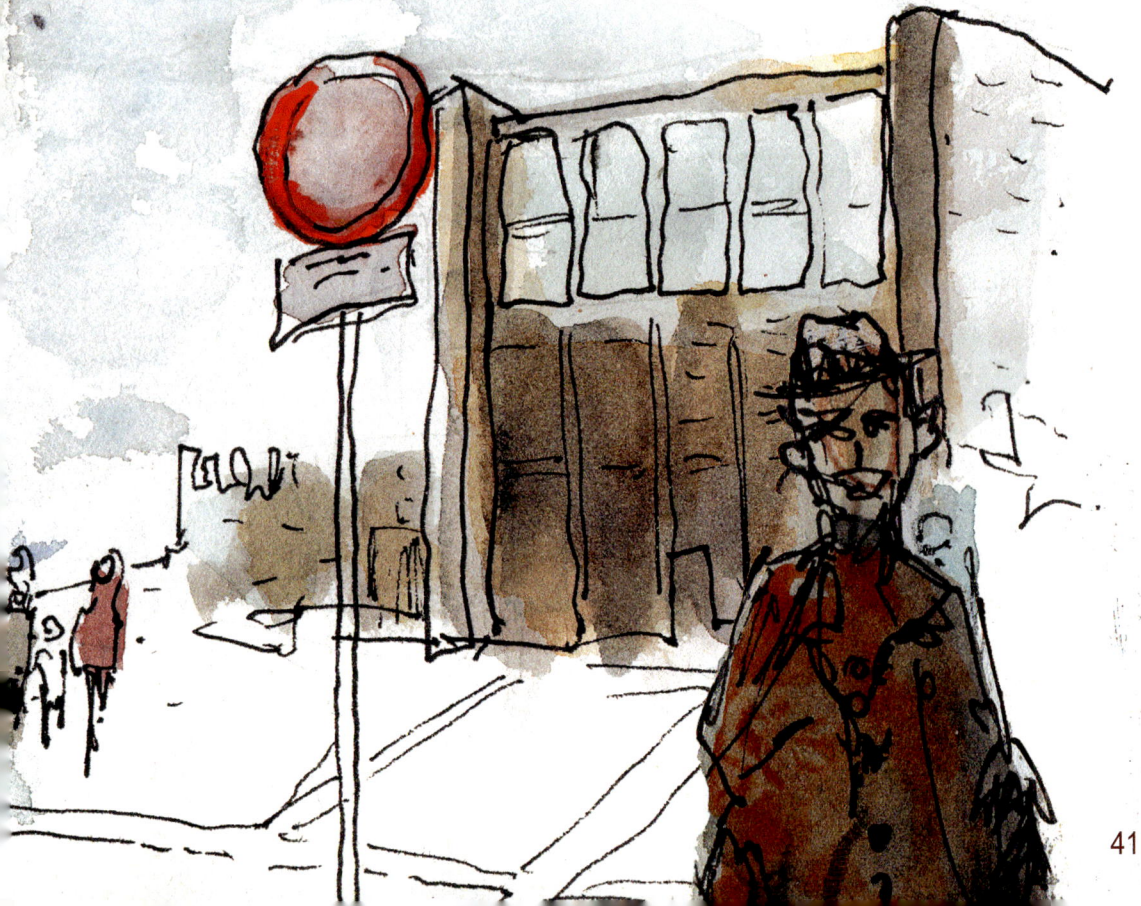

Catedral da Sé
Igreja de Santa María la Maior

En contraste con la tranquilidad de la Moureria, el entorno de la igreja de Santa María la Maior, suele estar abarrotada de turistas y tranvías que circulan a todas horas cargados de viajeros. Es la Catedral de Lisboa, la Sé, emplazada cerca de la Praça do Comércio, en Alfama. Hasta ella dirigí mis pasos con intención de abocetar un edificio tan impresionante, de estilo románico y levantado sobre los restos de una antigua mezquita por orden del conquistador cristiano de Lisboa, el primer rey Alfonso I Enriquez. Las reformas han sido constantes, como suele ocurrir con todas las edificaciones, de ahí que el lápiz hiciera sobre el cuaderno un recorrido plenamente gótico al dibujar la fachada principal, con sus dos majestuosas torres laterales que protegen la puerta principal y el espectacular rosetón que culmina una estampa de una quieta hermosura. Para los portugueses, esta catedral es símbolo de poder y resiliencia, puesto que su edificación aguantó los embates de los dos grandes acontecimientos que desolaron Lisboa: el terremoto de 1755 y el gran incendio del Chiado en 1988. Si en la Mouraria el santo patrón en el corazón de los vecinos es São Antonio, en esta que es catedral desde el siglo XIV se encuentran los restos del patrón de Lisboa, São Vicente.

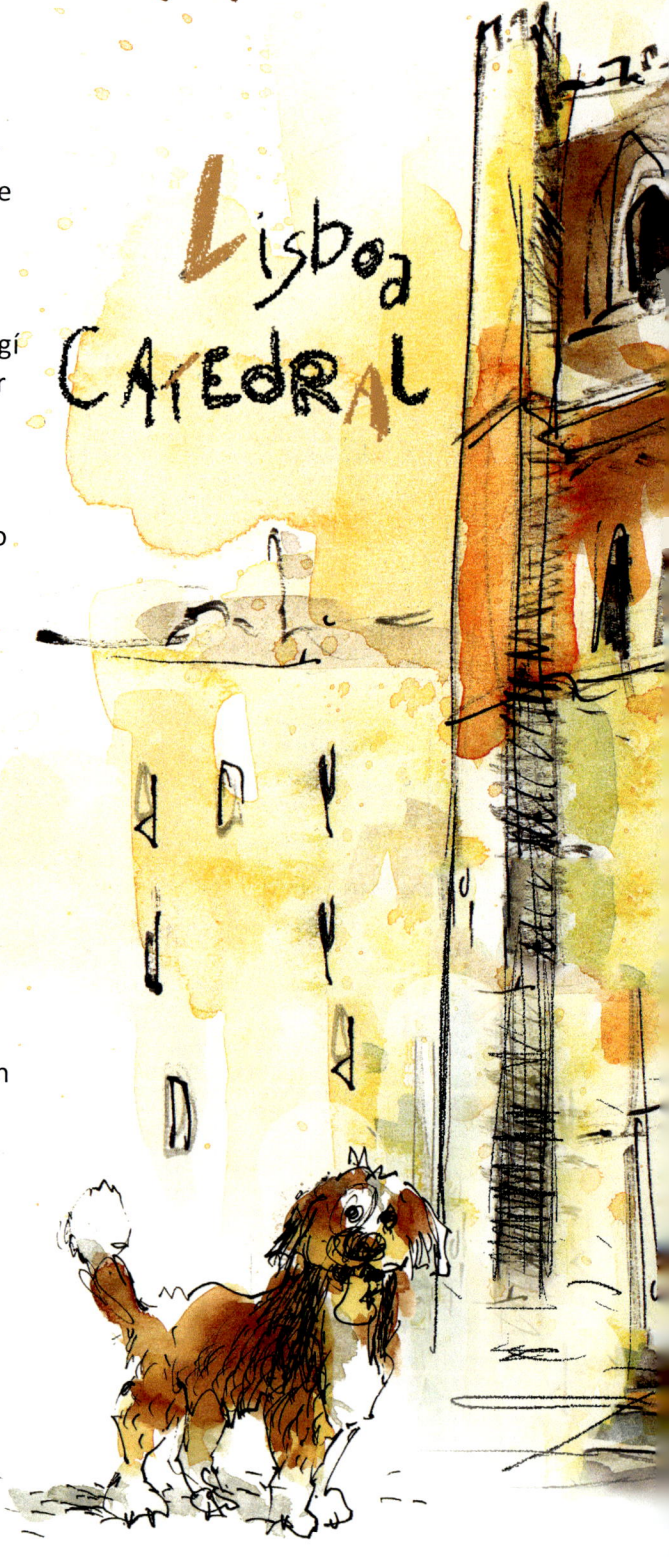

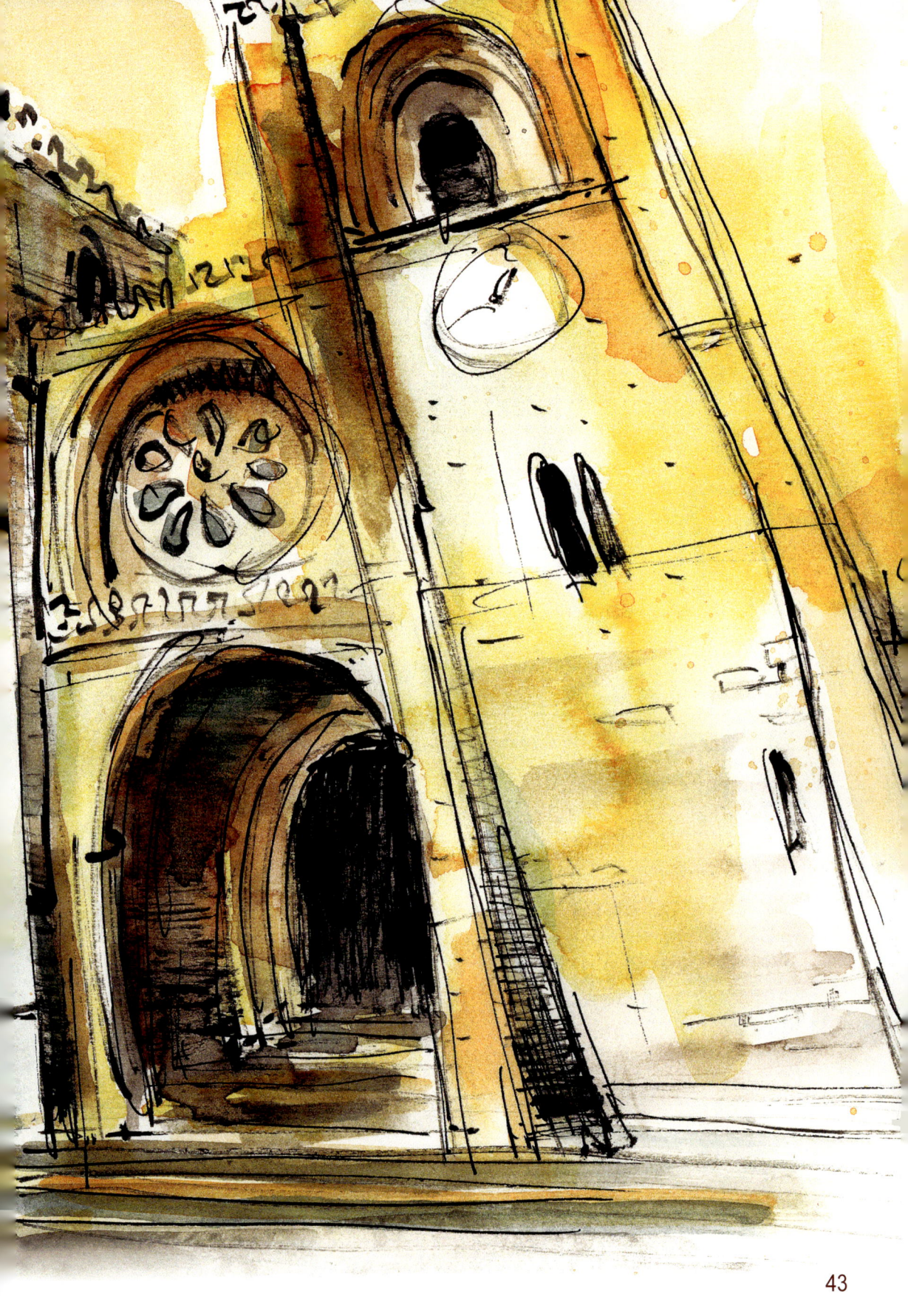

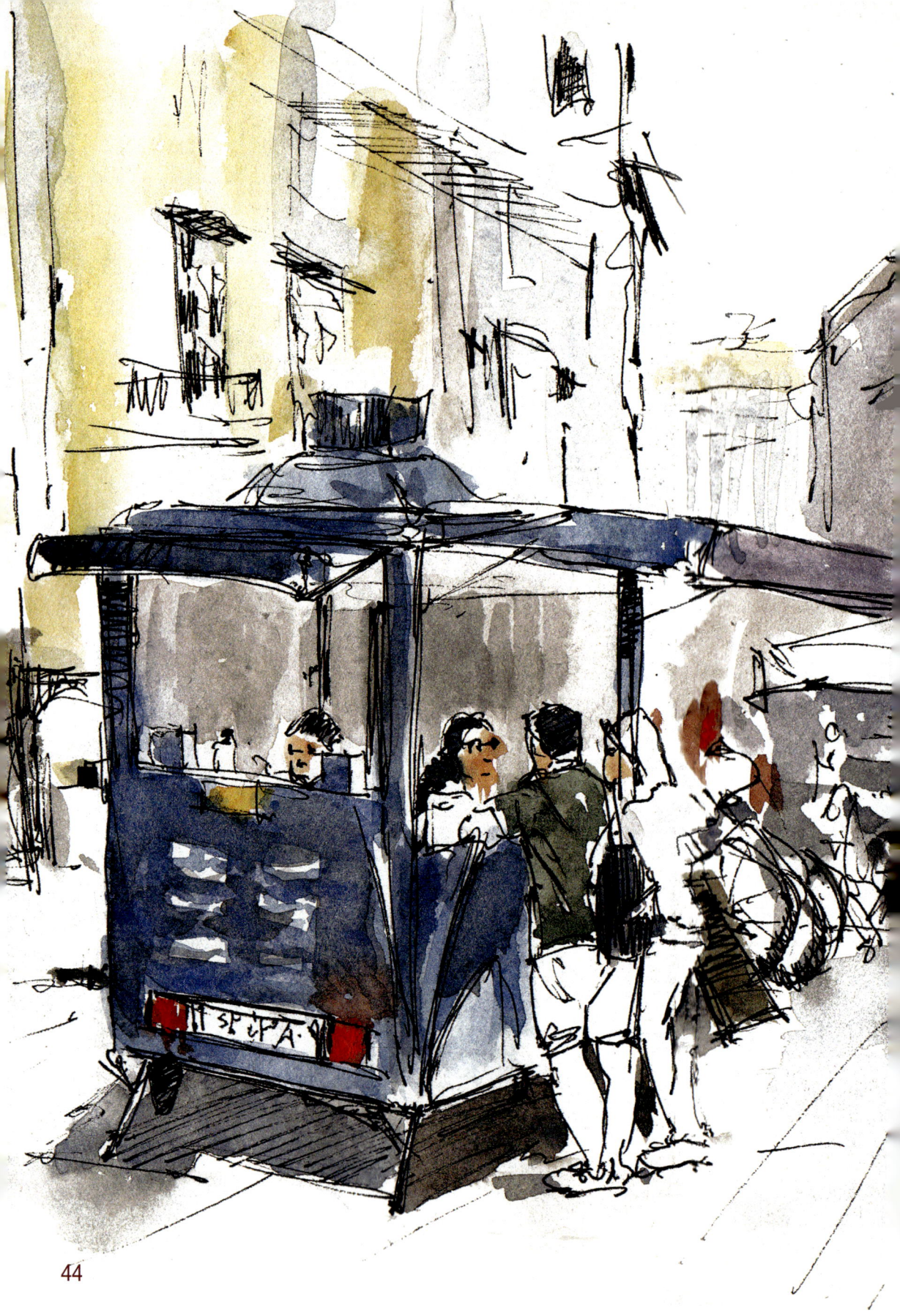

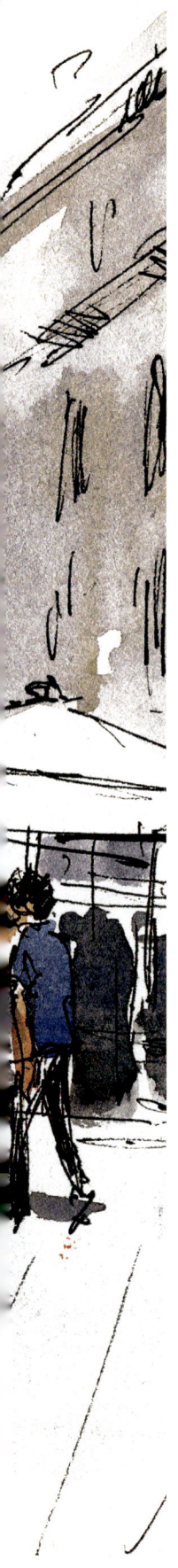

LOS QUIOSCOS

El andar todo el día recorriendo los rincones de la hermosa Lisboa, te abre el apetito. Una forma de solucionar el problema es acercarse a los emblemáticos quioscos, en su mayoría renovados y modernizados, que te los encuentras por todos lados, repartidos por calles, plazas y barrios de la ciudad, formando parte de la estampa urbana más típicamente lisboeta. Son un lugar acogedor para desayunar, beber y comer al aire libre: café, horchata, tapas, sirope de capilé, una refrescante y dulce bebida elaborada a partir de una infusión de culantrillo con agua de azahar, o *ginjinha*, el licor de guindas más popular de Lisboa. Recuerdo haberme encontrado con alguno de ellos en los miradores de Alfama y disfrutar sentado en la terracita del quiosco de la plaza Luis de Camões, o en el quiosco Ribadouro de la Avenida da Liberdade, e incluso en el quiosco más antiguo de Lisboa, ubicado en la Praça de São Paulo, en Cais do Sodré.

Después de haberme servido de reposo y reparación de fuerzas, no tuve más remedio que tomar el cuaderno y el lápiz para realizar un boceto de uno de estos quioscos y luego darles algo de vida. Favor por favor.

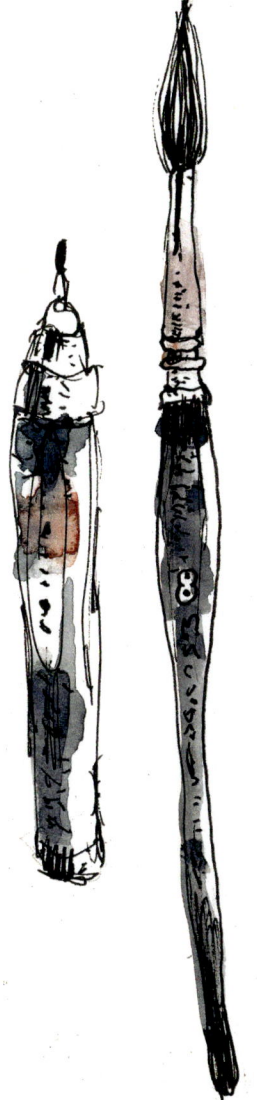

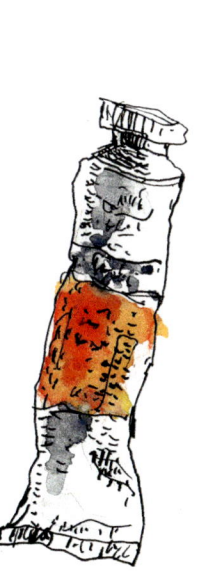

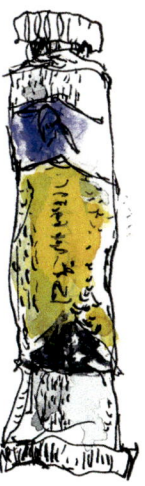

Tuk-tuk

Sentado en la terraza de uno de esos quioscos, el quiosco amarillo que está frente a la Catedral de la Sé, mientras me refrescaba con una aromática limonada, me entretuve viendo el transitar del tranvía 28 y de los famosos *tuk-tuks*, los motocarros de tres ruedas, unos eléctricos y otros de gasolina que, al más puro estilo asiático, no paran de discurrir por toda la ciudad, siempre al acecho de clientes. Ahora se pueden encontrar *tuk-tuks* en muchas ciudades turísticas, como Sevilla.

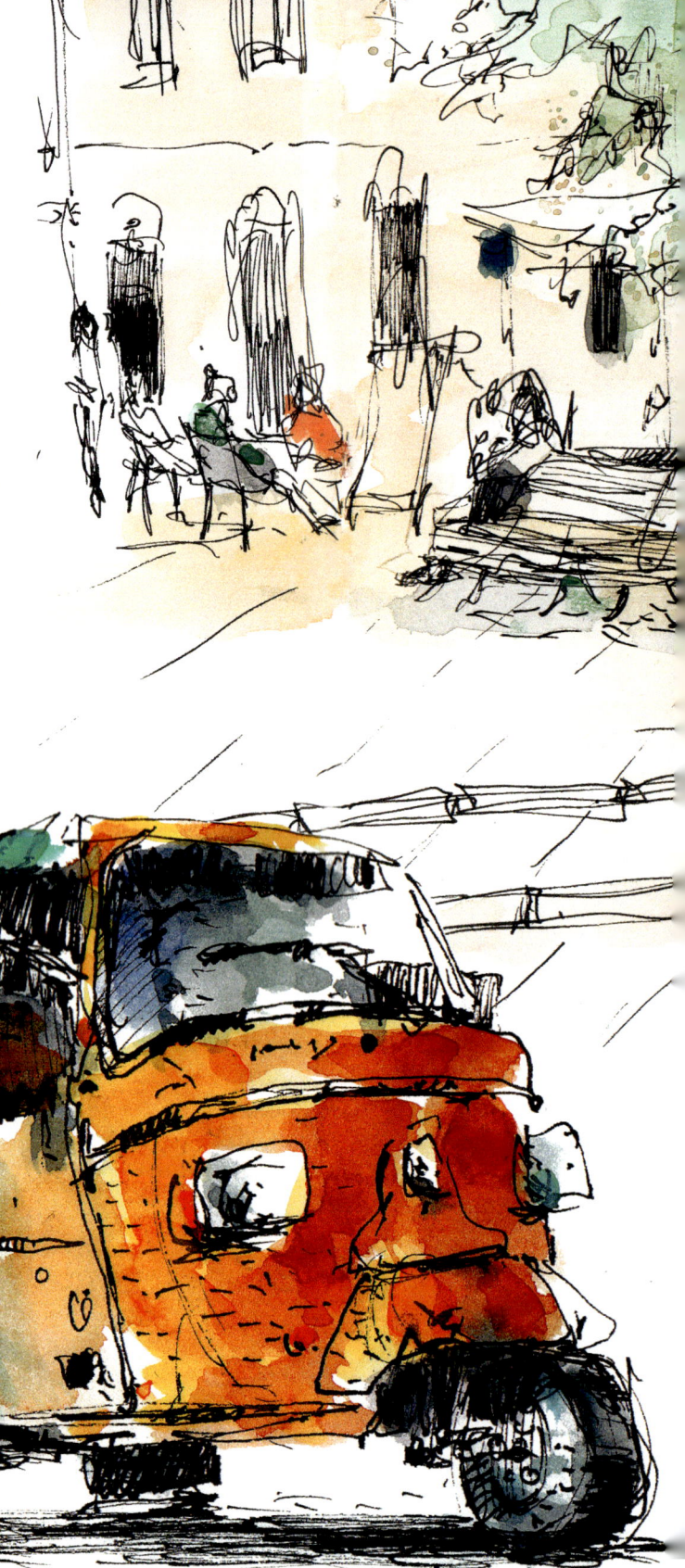

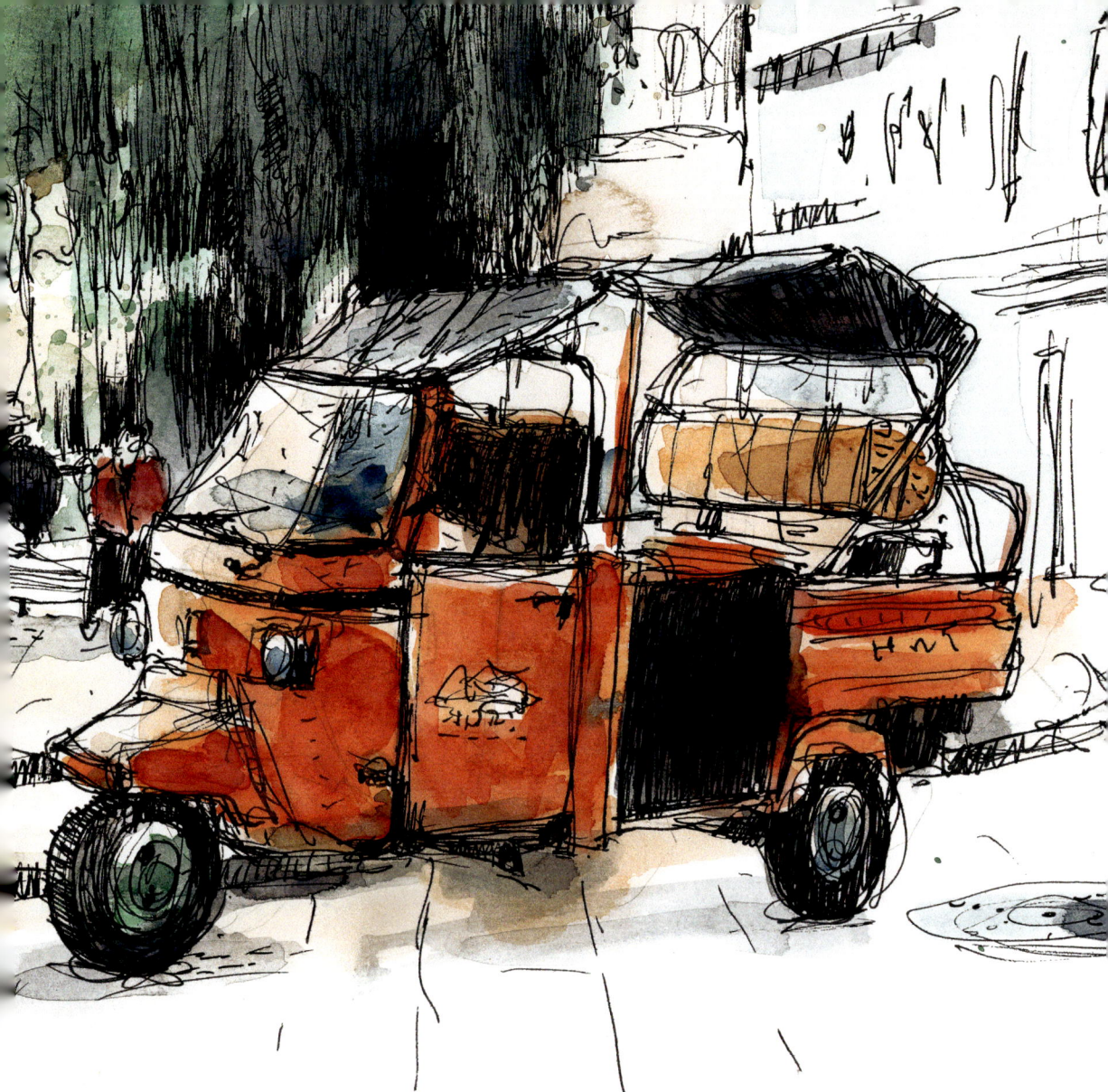

¡Al acecho para captar cualquier cliente!

Desde la Baixa hasta Chiado, Alfama o Graça, podemos encontrar esos pequeños, simpáticos y coloridos vehículos que invaden por completo el paisaje de la capital portuguesa. Sorprende ver como miles de *tuk-tuk* inundan la ciudad con sus colores y ornamentos, siendo únicos en su función y en su forma, el ideal de la Bauhaus. Desde por la mañana hasta bien entrada la noche, los *tuk-tuks* prestan servicios a propios y extraños. Cual enjambre al acecho, estos inquietos vehículos buscan sobre todo captar la atención de los recién llegados turistas, ofreciéndoles un recorrido único e inolvidable por el casco antiguo e histórico de la ciudad.

Un paseo en Sidecar

Otra forma de recorrer la ciudad es en sidecar.
Concretamente, este sidecar lo pude dibujar sentado
en una de las plazas del barrio Alto, donde ofrecían
diferentes *tours* para visitar toda la ciudad mientras,
tal como ocurre en los *tuk-tuks*, un guía va dando

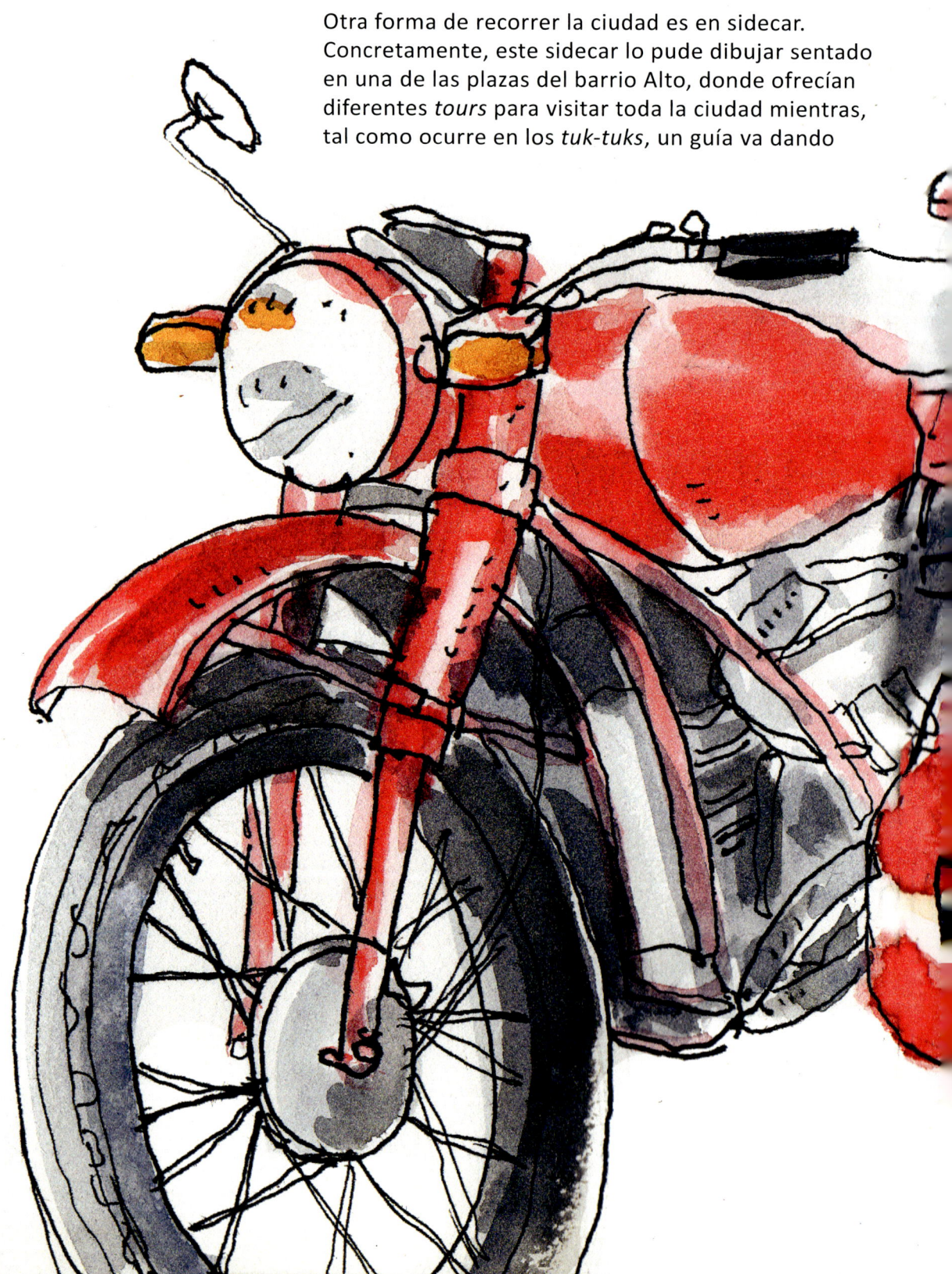

cuenta de los lugares por donde circula, de su historia y a veces de sus aconteceres, muchas veces más cerca de la leyenda o la tradición que de la realidad. Lo mejor en estos casos, es creerse todo lo que te cuentan, que ya tendrás tiempo más delante de sonreír con los recuerdos.

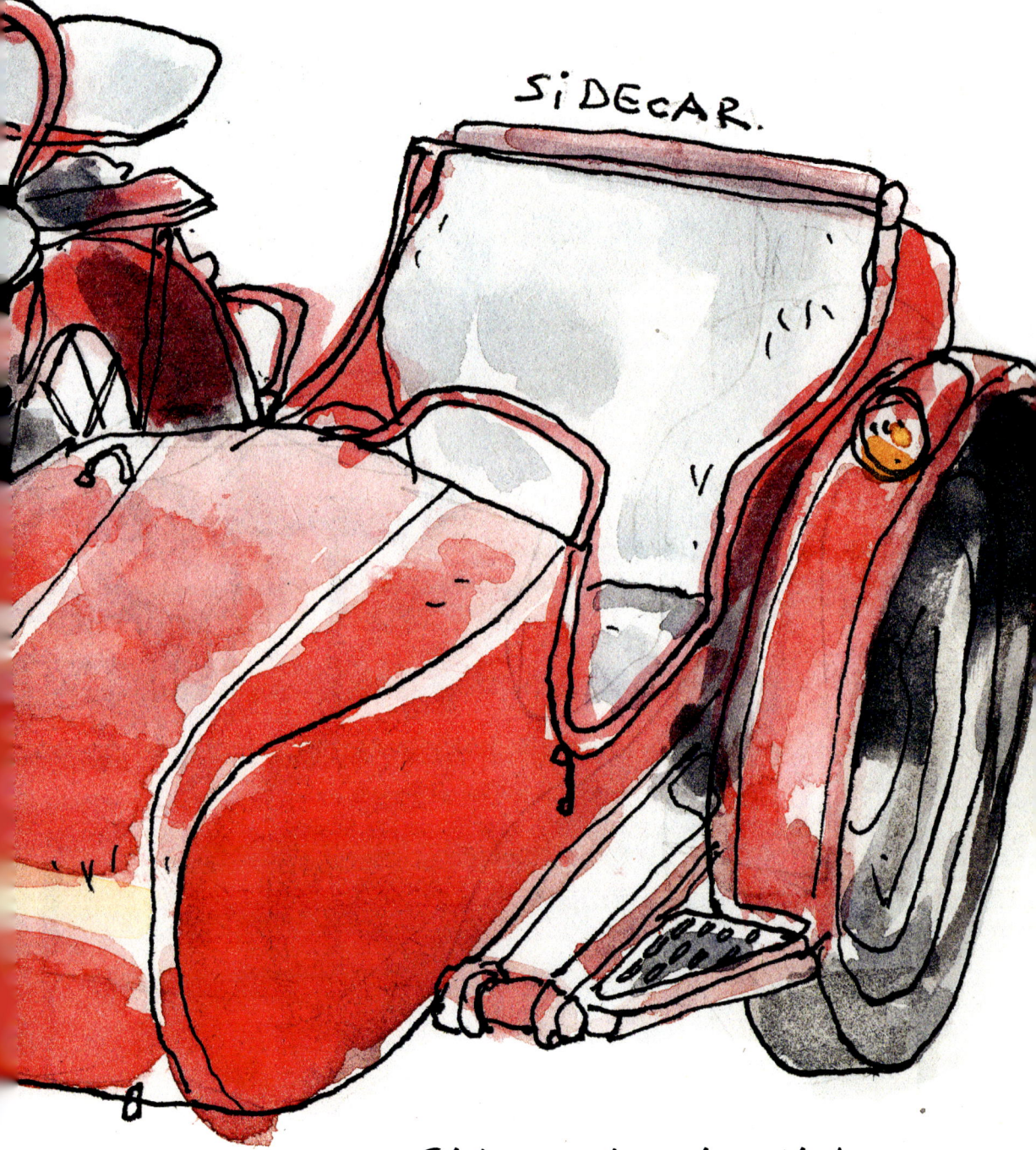

Sidecar touring Lisboa

Latas de sardinhas

¡Una conserva
transformada en souvenir!

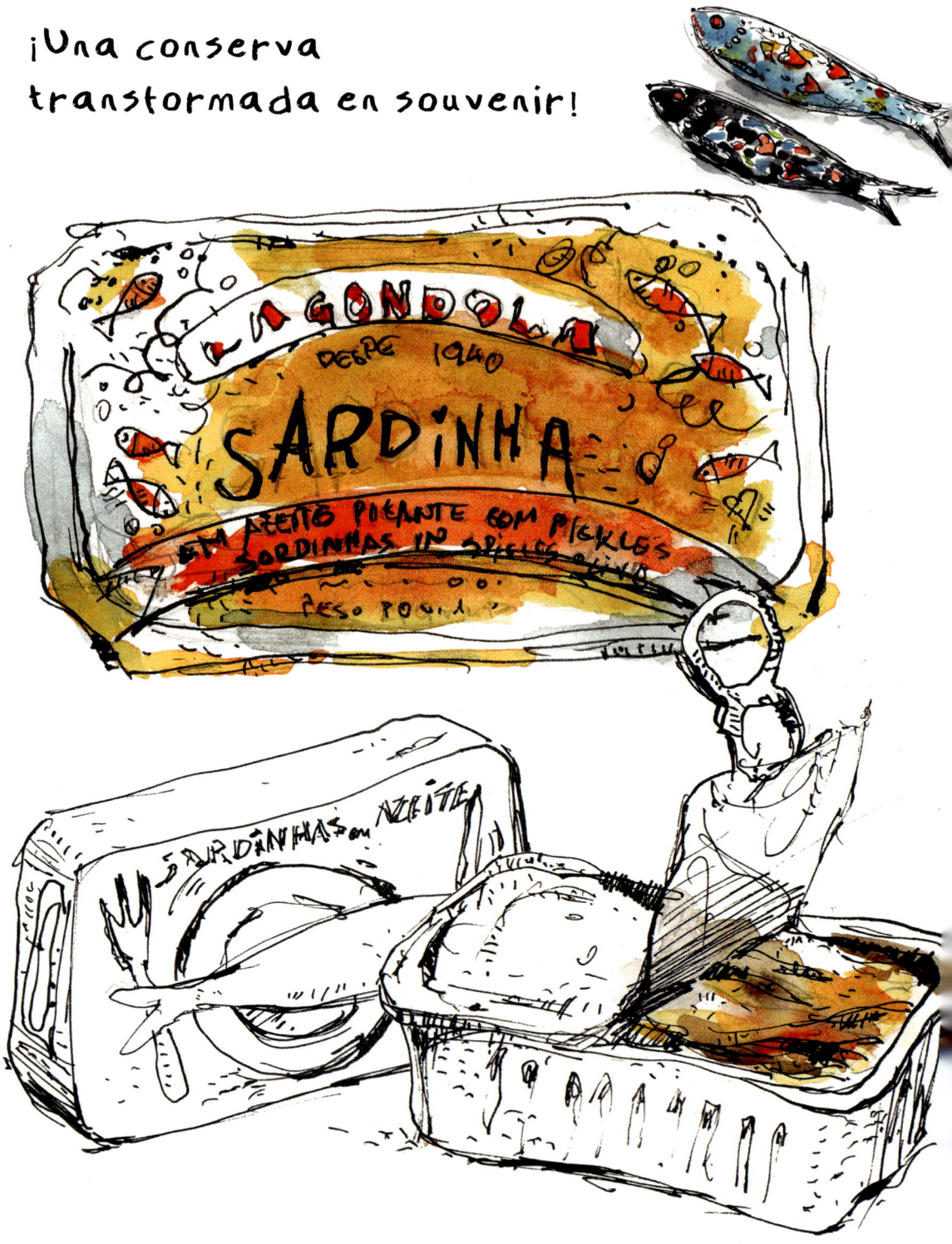

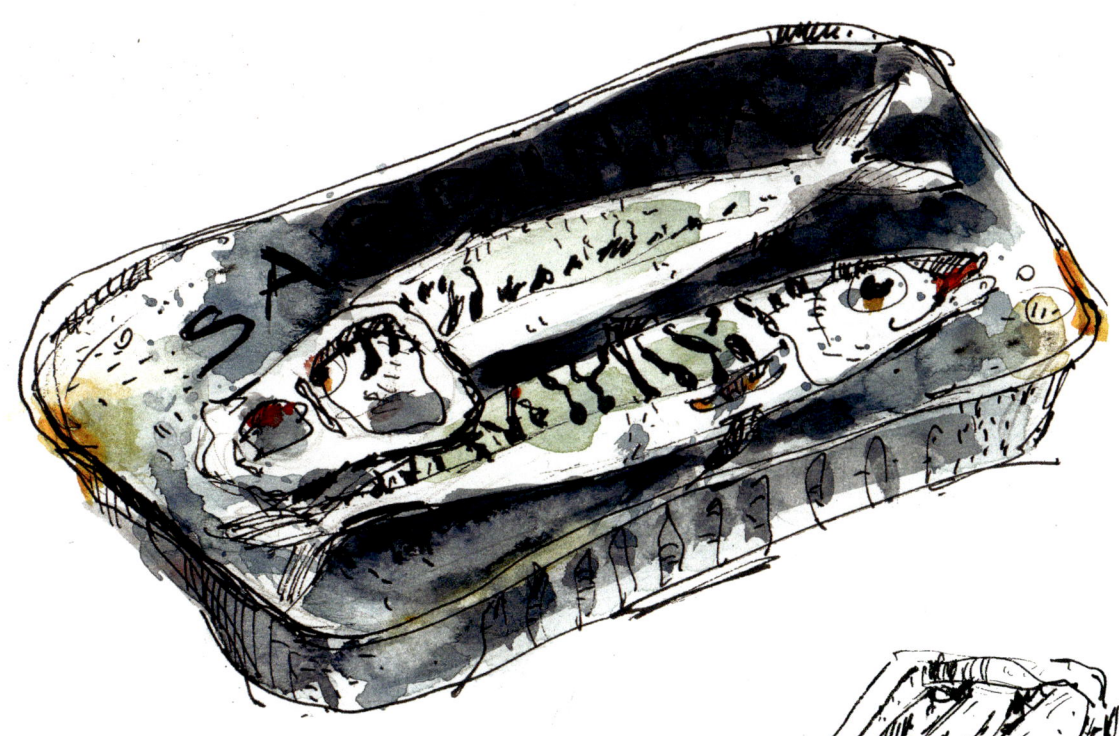

La Conserveira de Lisboa

¡Una conserva transformada en *souvenir*! Esto es lo que ví. Fue el día que estuve visitando y dibujando, la Catedral de la Sé, cuando al bajar del 28 y dirigirme al hostal para descansar un rato, reparé en un pequeño establecimiento que divisé en la rua dos Bacalhoeiros. En el frontal del toldo el nombre daba una pista, La Conserveira de Lisboa, la luz del interior anunciaba un colorido mundo interior. Bajé del tranvía y me volví al lugar que había presentido más que visto un minuto antes. Llegado al lugar me sorprendió lo pequeño de un establecimiento dedicado exclusivamente a la venta de latas de conservas transformadas en *souvenir*. Cuando accedí a su interior, tuve la sensación de que, en aquel lugar, donde se podía respirar el ambiente de una tienda tradicional de los años 30, no había transcurrido el tiempo.

Sus vitrinas y estanterías estaban cargadas de latas de conservas, a cuál más bella, con coloridos envoltorios de cartón y de muy diversos diseños que hoy vuelven a estar a la moda, pues la mayoría son puro vintage. Allí pude contar hasta tres tipos de marcas de conservas: Minor, Prata do Mar y Tricana, la mayoría con sardinas en tomate, anchoas, pulpo o mejillones. La dependienta atendía con un trato familiar a los clientes, que compraban las latas envueltas en papel y atadas con una fina cinta.

Otra tienda o Loja das conservas me encontré algo más adelante, llegando a la principal avenida da Liberdade, en la Praça Dom Pedro IV, rotulaba su puerta con un nombre la mar de apropiado, O Mundo Fantástico da Sardinha portuguesa. Su decoración simulaba al más mínimo detalle el interior de un circo, un mundo fantástico donde no faltaban detalles tan divertidos y atractivos como la carpa del techo, un carrusel o una noria. Aquí y como ya iba cargado, no me hice con más latas de sardinas, fue unos días más tarde cuando compré varias conservas de la marca La Gôndola, en un comercio,

este sí, cuyo nombre no se andaba por las ramas, la Loja das Conservas, en la Rua do Arsenal y nada más salir de la Praça do Comércio en dirección a Cais do Sodré. Este pragmático establecimiento no exhibía una decoración tan impresionante como las anteriores, sino que se enfocaba principalmente en exponer, mediante fotos de las fábricas en sus paredes, la historia conservera portuguesa. Del mismo modo, en sus estanterías se disponían diferentes marcas portuguesas de conservas gourmet: Briosa, Comur, La Gôndola, Pinhais, Poveira o Freitas Mar.

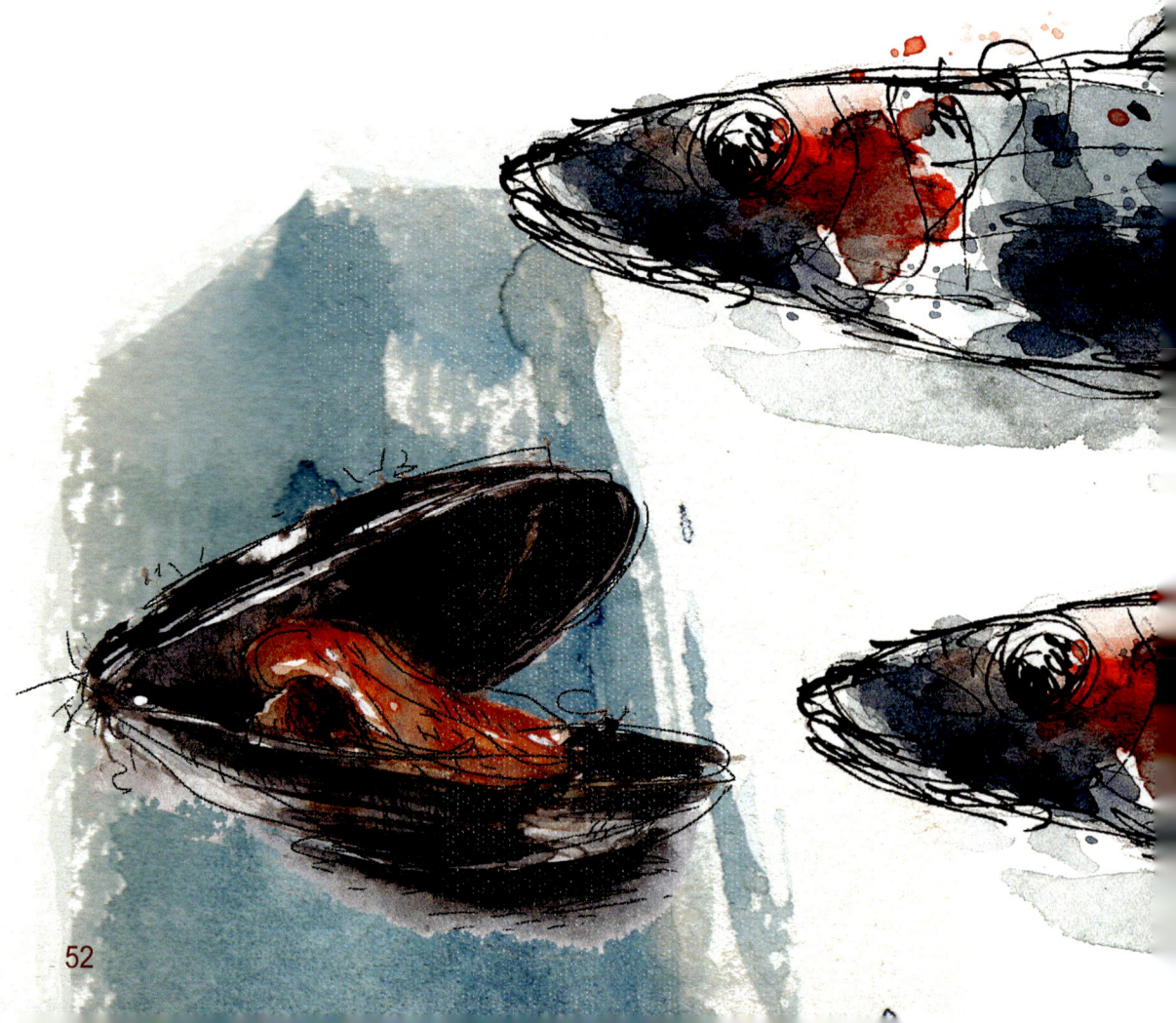

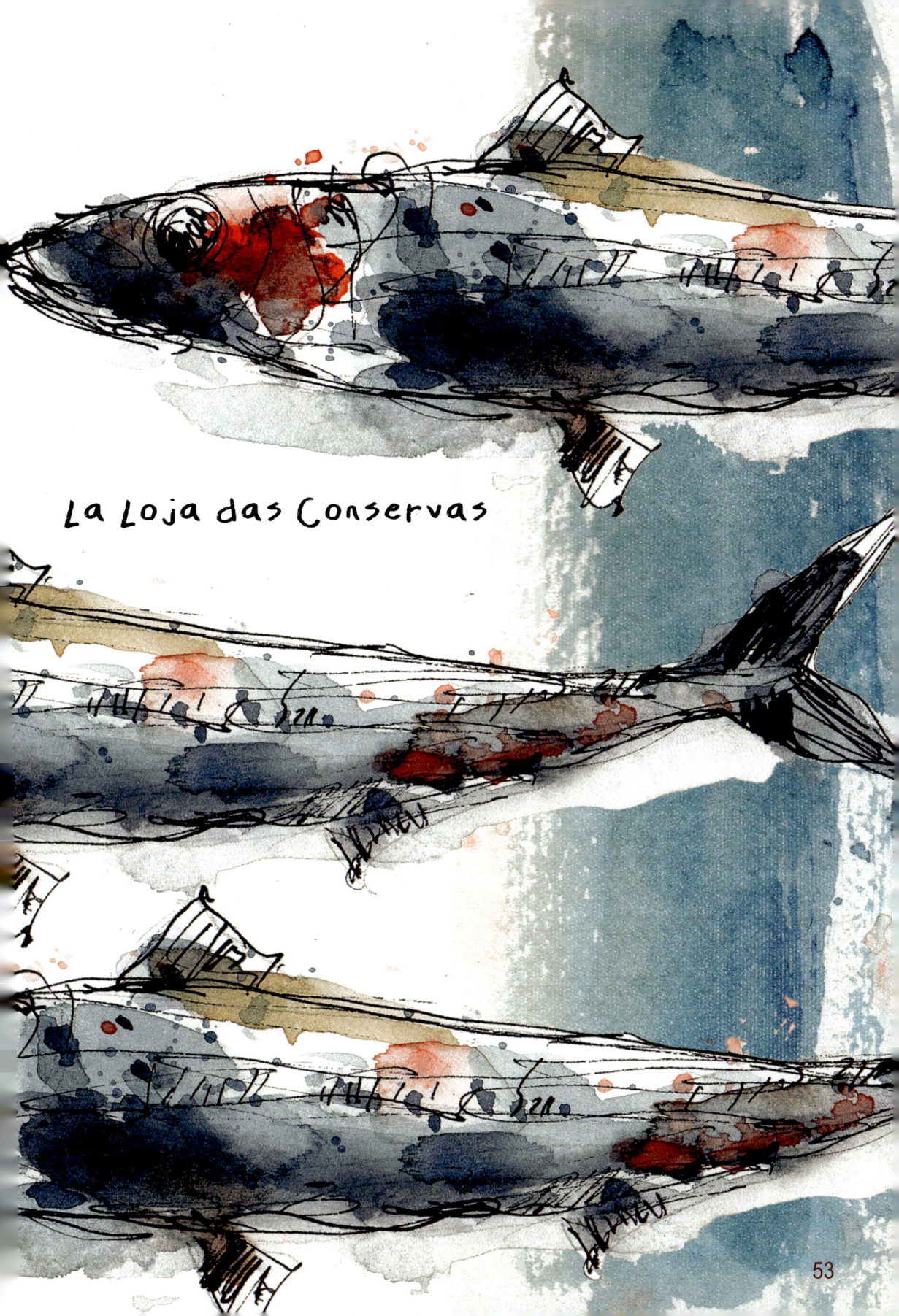

La Loja das Conservas

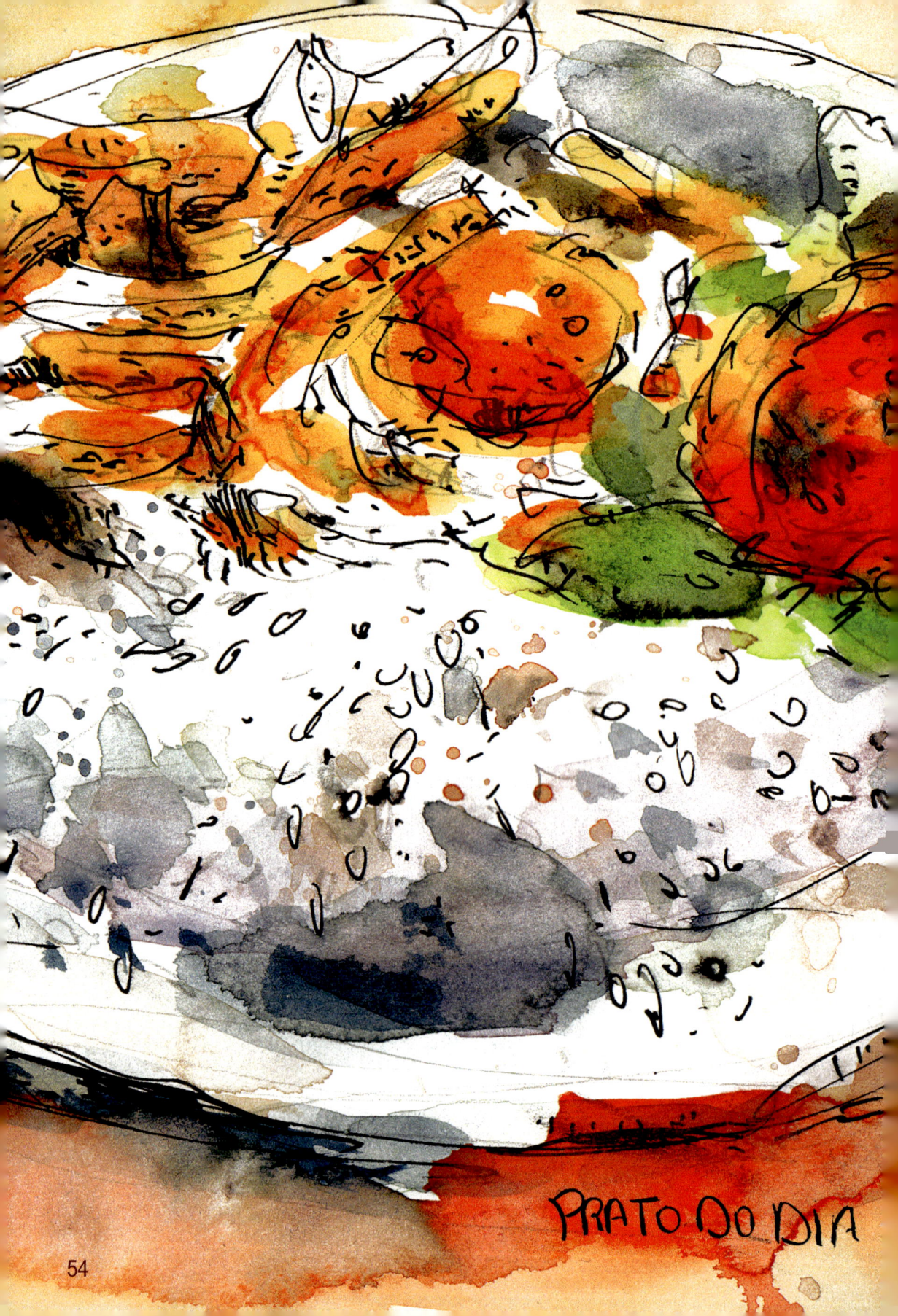

PRATO DO DIA

¡Buen provecho!

una bica

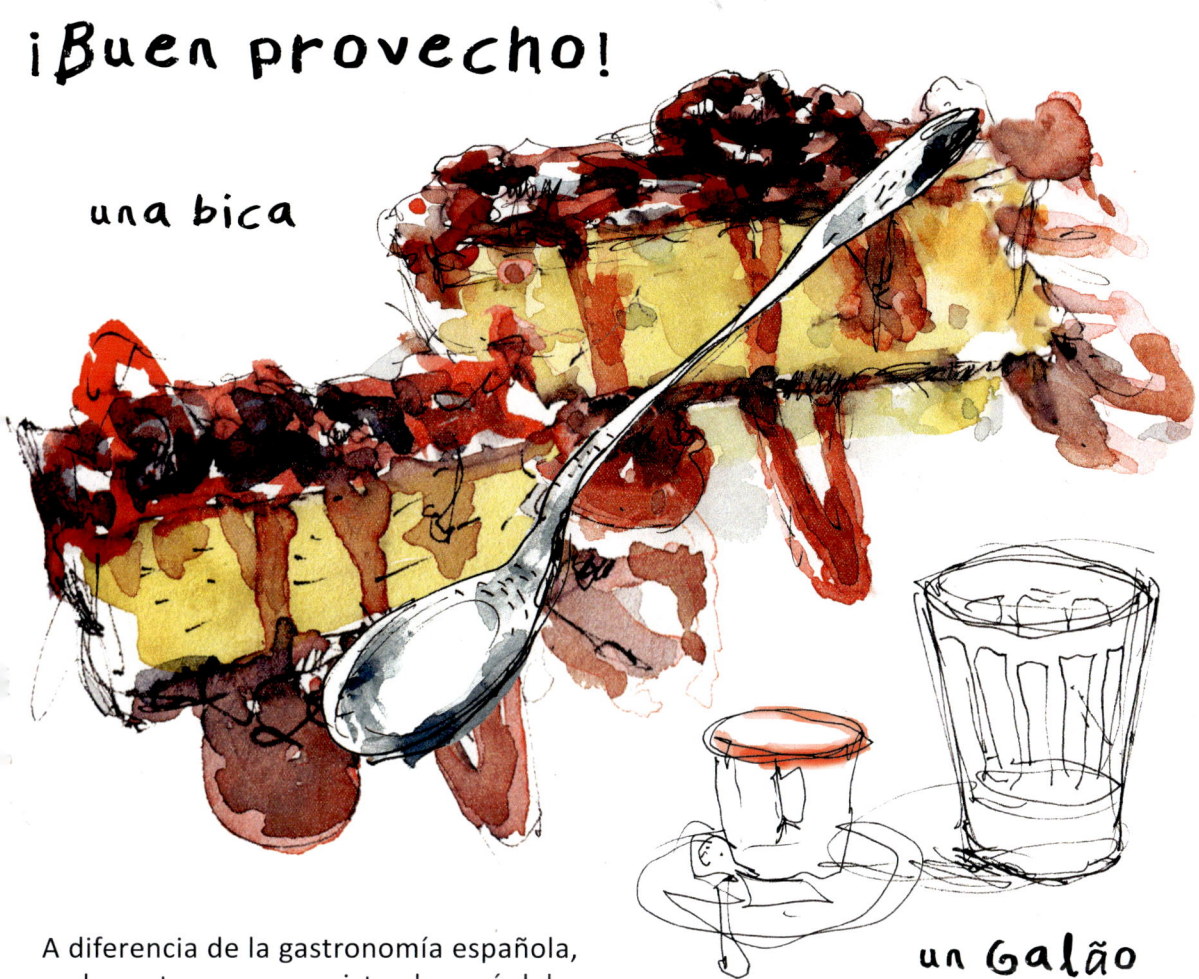

un Galão

A diferencia de la gastronomía española, en la portuguesa no existe el menú del día con primeros y segundos platos a elegir, todo acompañado de pan, bebida, postre y café. La mayoría de los restaurantes portugueses suelen ofrecer una carta con un plato único a elegir, además de un plato del día especialmente preparado para la ocasión y los típicos platos combinados. Por lo general, estos restaurantes lo regentan familias donde un matrimonio, junto a algunos de sus hijos, atiende a los clientes. En la mayoría de ellos, no falta la carne ni el pescado con su respectiva guarnición de patatas, arroz o verduras. Entre los platos que pude degustar, recuerdo la *feijoada*: un típico guiso portugués de judías blancas o pintas que se acompañan de guarniciones de lo más variado, desde los callos, o tripas, como se suelen presentar más al norte, en Oporto, hasta longuerones o navajas como se suelen elaborar en las costas algarvías del sur. Otro plato que no se puede excusar en un viaje a Portugal es la cataplana, una cazuela de pescado y mariscos que recibe el nombre, como nuestra paella, del recipiente en el que se elabora y que es muy típica de toda la gastronomía portuguesa. Y por supuesto, no dejé pasar el sabroso resultado de pasar por las brasas pescados o carnes: *frango grelhado*, *peixe grelhado* y hasta *queijo grelhado*, normalmente acompañado de ensalada y patatas fritas o cocidas.

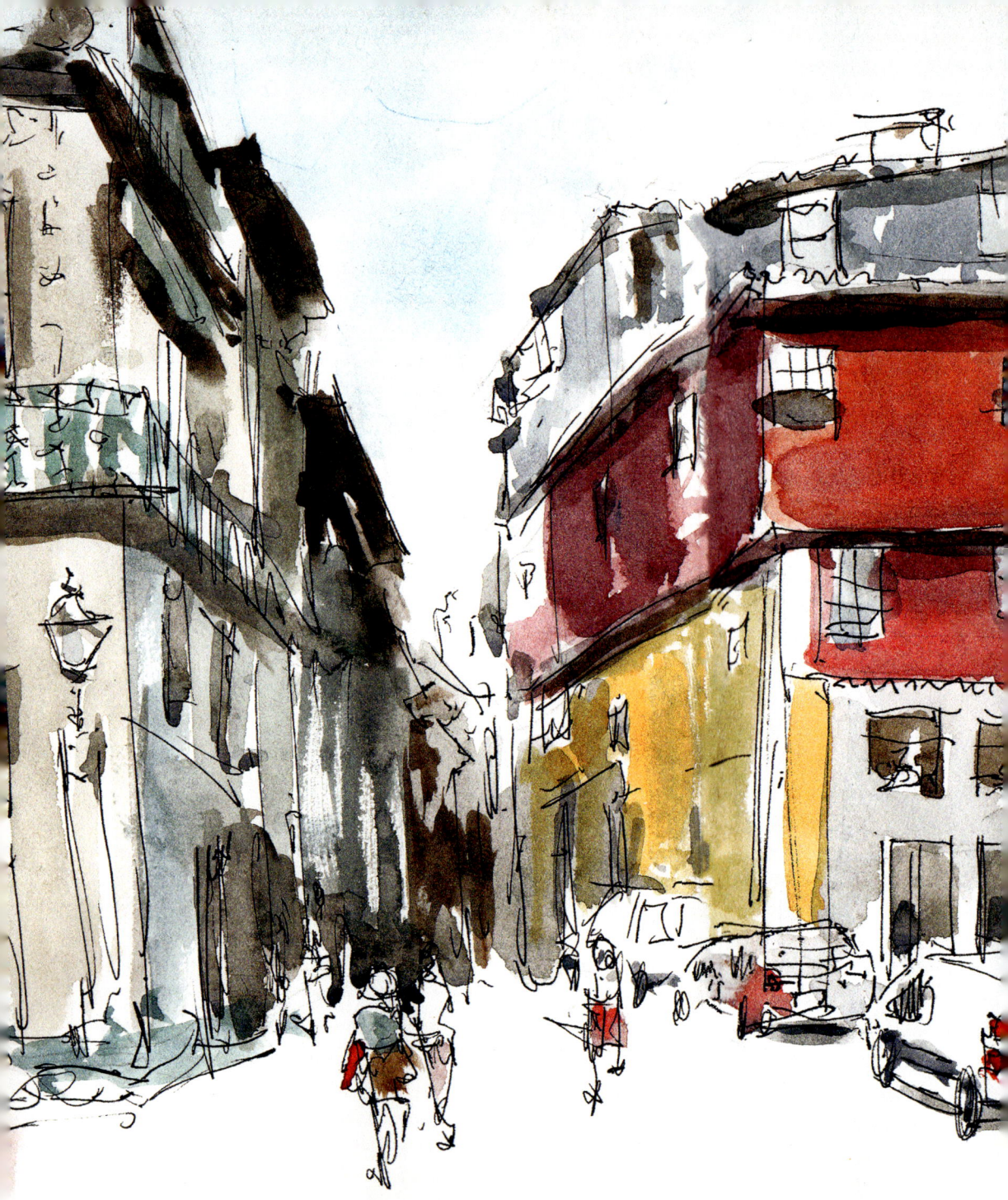

A bordo del tranvía rojo, el *Hills* del que os conté algo en las primeras páginas de este cuaderno lisboeta, estuve recorriendo las calles más empinadas de la ciudad hasta llegar al barrio de Chiado. A unos 200 metros del popular elevador de Santa Justa, que asciende al personal desde la Baixa pombalina hasta el Chiado, y muy cerca de la Plaza Luis de Camões, pude pasear a mis anchas por la Rua do Carmo, una calle peatonal donde los turistas son atraídos por los numerosos comercios y

Barrio Alto y Chiado

la oferta gastronómica que tan extendida está en los alrededores, pues esta calle está entre la Baixa, el Chiado y el Barrio Alto, estos últimos los barrios con más fama de bohemios de la Lisboa del fado y los artistas. Dos barrios que vienen a ser además la zona más turística de Lisboa. La rua do Carmo no irradia la grandeza de la principal Avenida da Liberdade, ajardinada, con elegantes paseos e imponente en su inmenso trazado, pero al paseante se le aparece atestada de lujosas tiendas de moda. Es calle peatonal, luego resulta más cómoda de recorrer. Al terminar la rua do Carmo y haciendo esquina con la rua Garret, topé con un gran centro comercial donde pude tomar un respiro y visitar sus tiendas y, ya puestos, almorzar.

cafés
y
tiendas

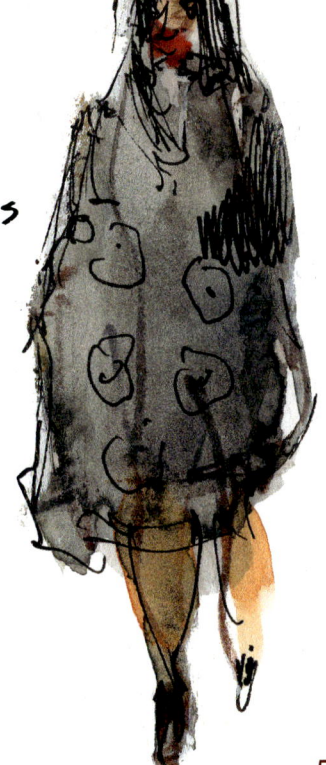

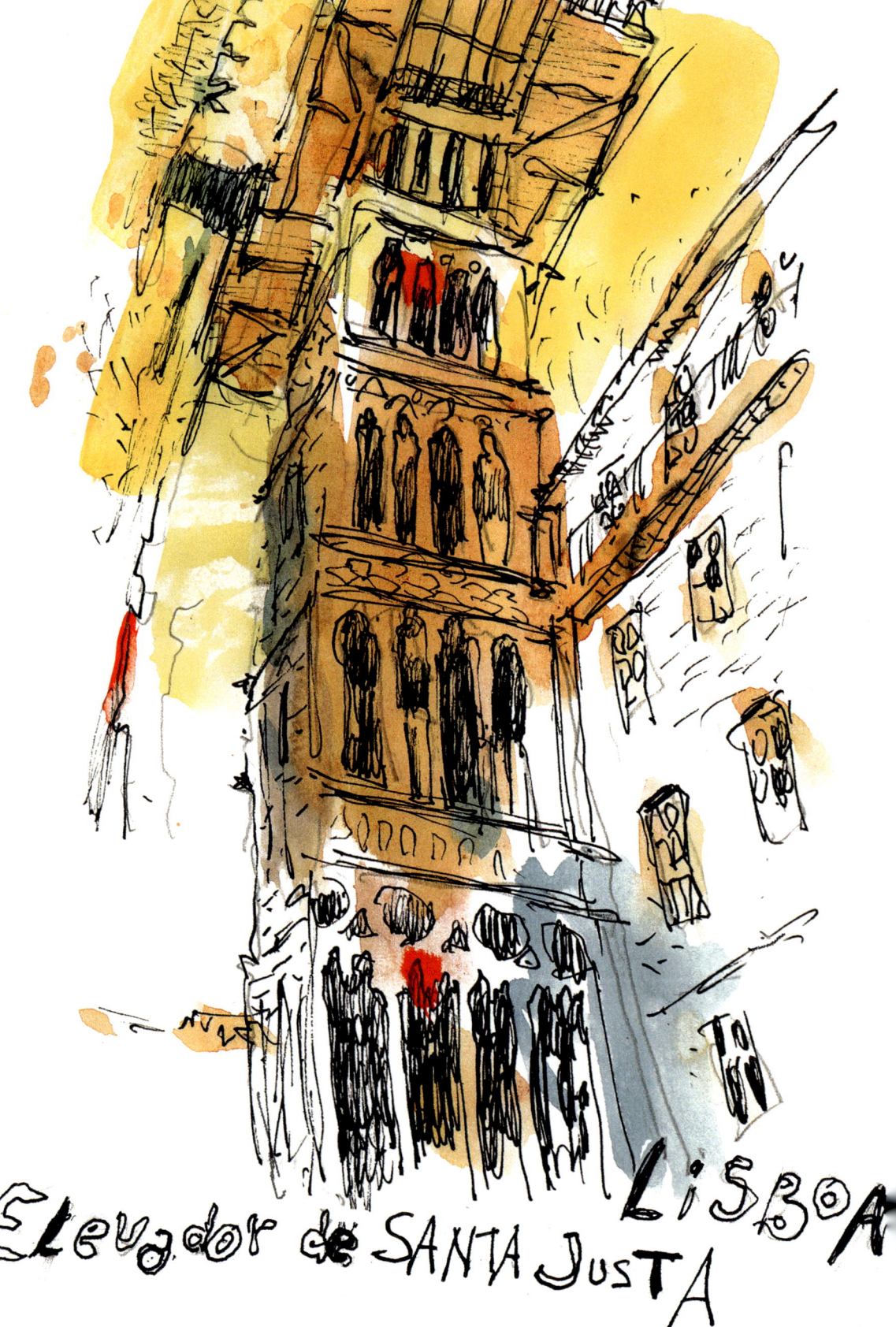

Elevador de SANTA JUSTA   LISBOA

Elevador de Santa Justa

Conocido por el lugar al que eleva a diario a miles de personas, el elevador do Carmo se eleva desde la calle de Santa Justa hasta la Praça do Carmo que le da nombre, justo donde está el atractivo y recomendable museo arqueológico. Al elevador, al ser construido en los primeros años del siglo XX, y diseñado en los últimos del siglo XIX, se le considera, como ocurre con muchas otras construcciones similares, influenciado por la atracción turística más conocida del mundo, la parisina torre Eiffel y con el ingeniero que la construyó. Pero hay diferencias. En sus 45 metros de altura predomina un estilo neogótico que nos lleva a recordar emblemáticos edificios lisboetas, como la misma fachada de la Catedral. La función de este único elevador vertical de la ciudad es ya meramente turística. Desde su último piso, al que se accede por una escalera helicoidal, pude disfrutar de una panorámica general de toda la capital portuguesa.

¡colas de hasta 2 horas para subir!

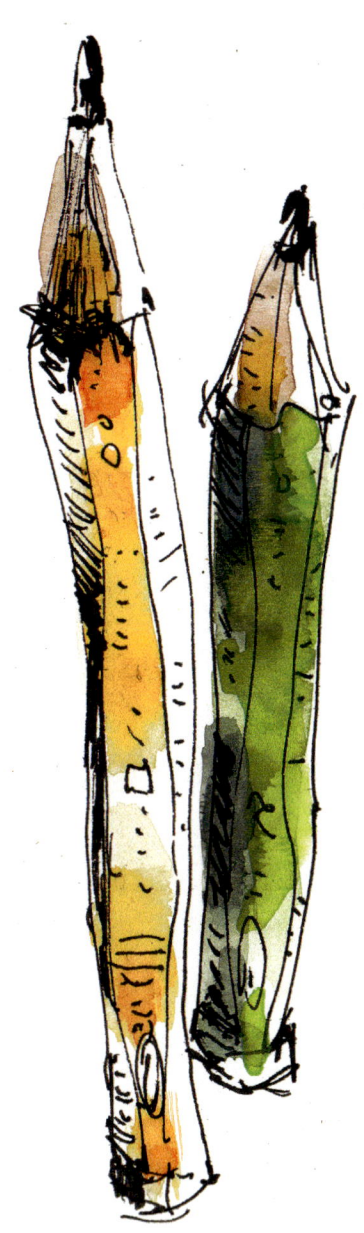

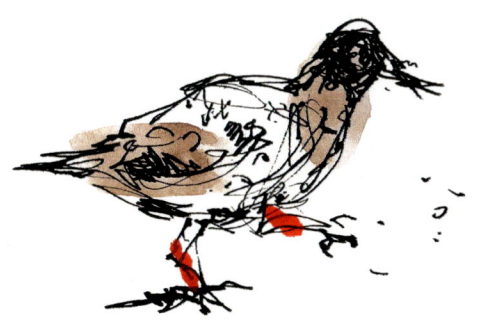

Itinerario de los Poetas

Camões
Ribeiro
Pessoa

Entre la muy extensa nómina de escritores portugueses, quise enlazar a tres figuras únicas de las letras lusas. Dirigí mis pasos a la Praça Luís de Camões, en cuyo centro se alza la estatua del poeta portugués, una plaza que separa los barrios de Chiado y Barrio Alto.

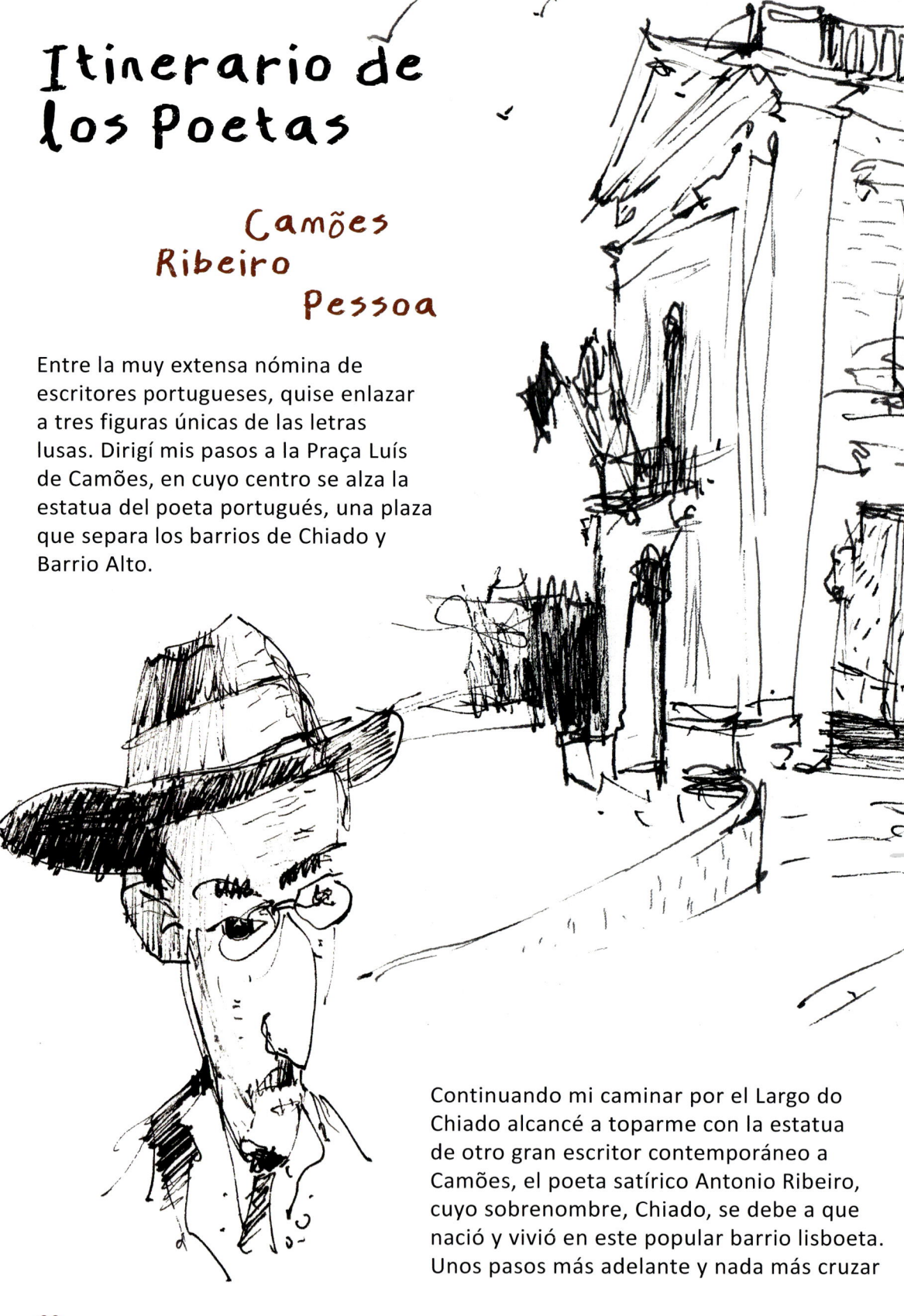

Continuando mi caminar por el Largo do Chiado alcancé a toparme con la estatua de otro gran escritor contemporáneo a Camões, el poeta satírico Antonio Ribeiro, cuyo sobrenombre, Chiado, se debe a que nació y vivió en este popular barrio lisboeta. Unos pasos más adelante y nada más cruzar

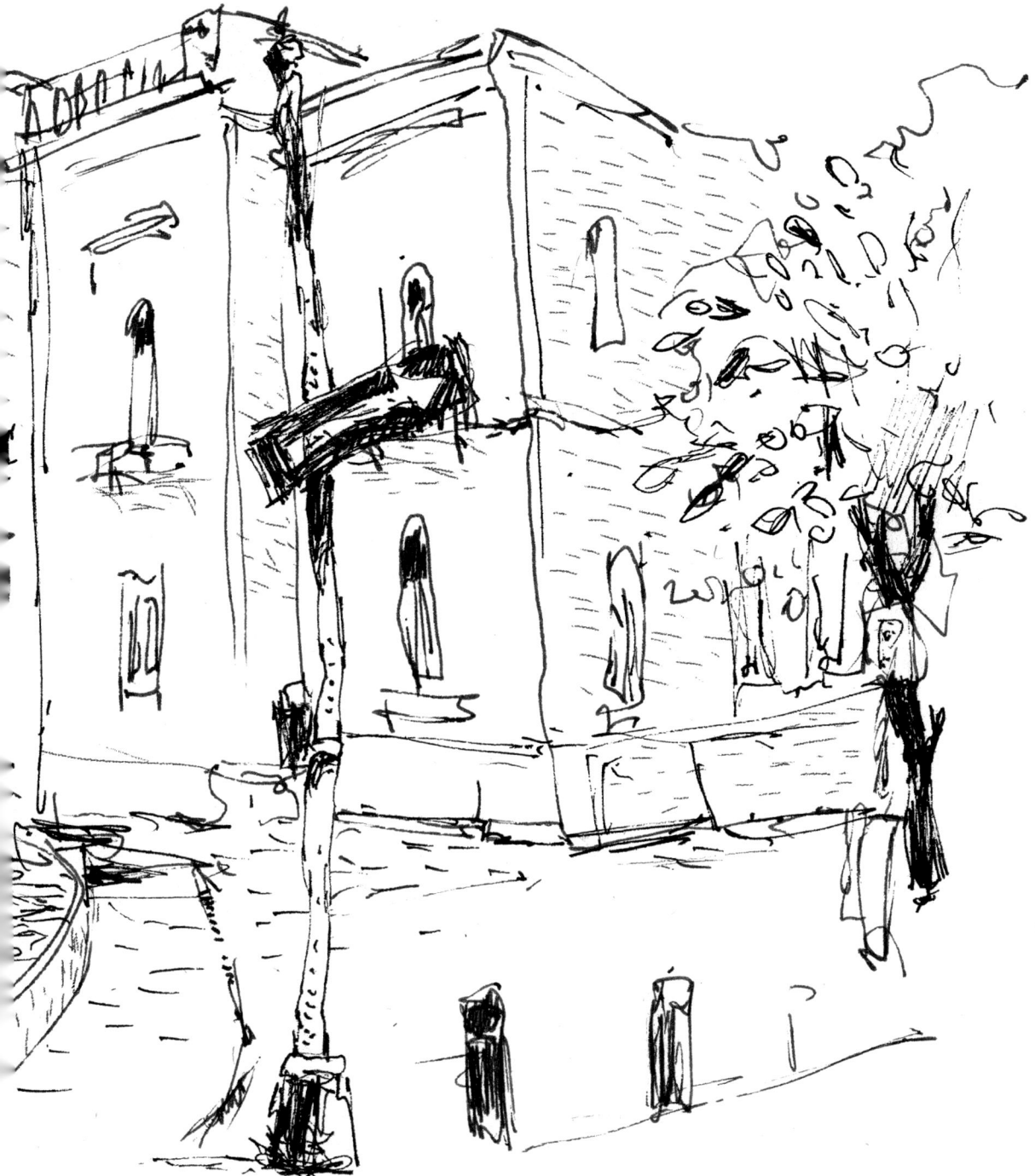

la rua Garret, fui al encuentro de otro grande de las letras, Fernando Pessoa. Allí está el escritor, abarloado al café A Brasileira con un gesto que parece invitarte a sentarte junto a él. Ese momento lo aproveché para declinar su invitación y tomándome un café en una mesa a dos pasos del poeta, poder dibujar su rostro en el cuaderno. Acabado el café y el dibujo continué con un alegre pasear hasta los miradores de São Pedro de Alcántara y el de Santa Catarina del Barrio Alto. De nuevo Lisboa brillando a las orillas del estuario del Tajo, ya convertido en mar.

El Mercado da Ribeira

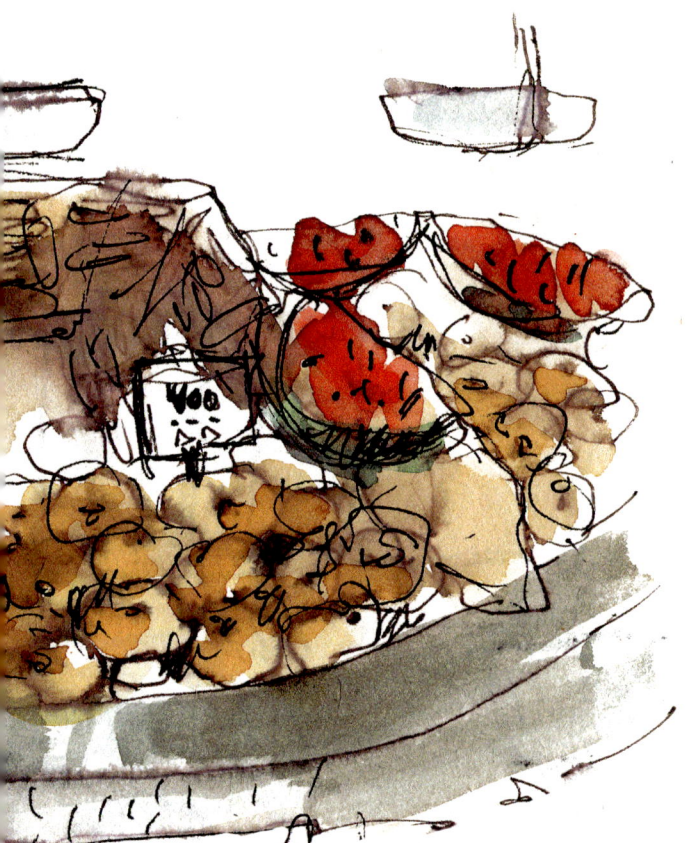

Ya en el barrio de Cais do Sodré, atravesando un gran arco de entrada con una impresionante cúpula en una construcción a modo de zaguán, me envolvieron los sabores y aromas del mercado da Ribeira, un lugar de moda *gourmet* muy popular entre los lisboetas. Actualmente, este histórico edificio se encuentra totalmente reacondicionado. Al alzar la mirada, me quedé absorto en la contemplación de tan majestuosa estructura metálica, sujetando una cubierta a dos aguas que deja filtrarse ampliamente la luz. De aquellas cerchas colgaban grandes lámparas como si de jarrones se trataran, creando un bohemio y acogedor espacio. Rodeando el interior del edificio, además de los puestos de un mercado de alimentos, había todo tipo de restaurantes con comida tradicional portuguesa, pero, también había espacio para la gastronomía tailandesa, el sushi japonés o las especialidades de cualquier *trattoría*.

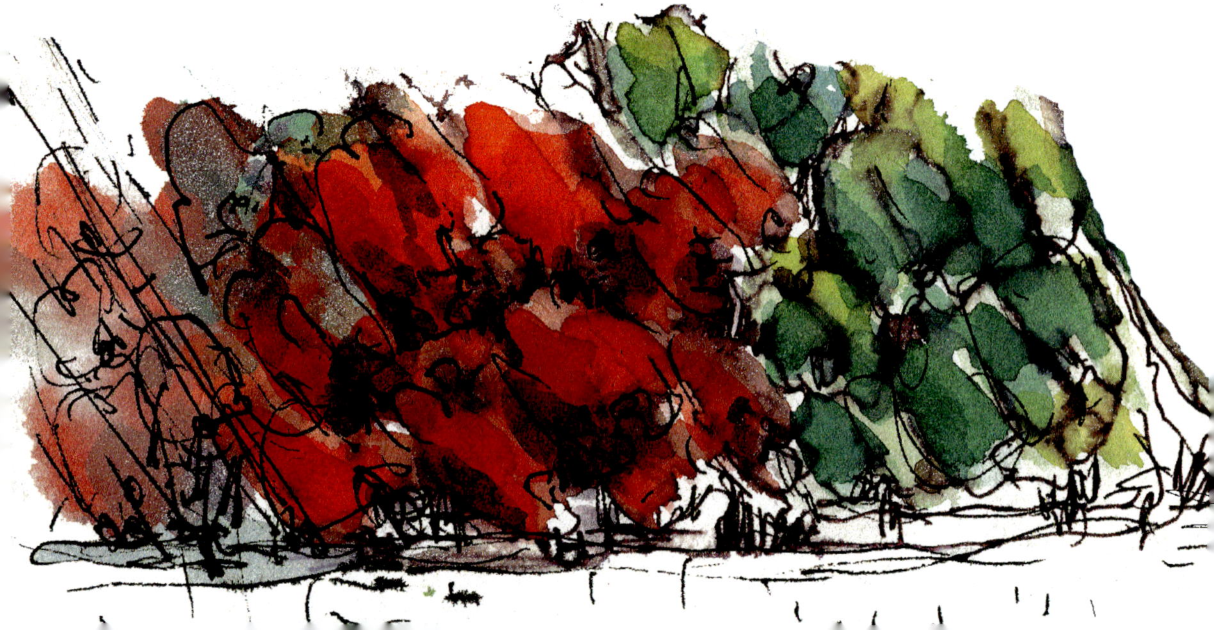

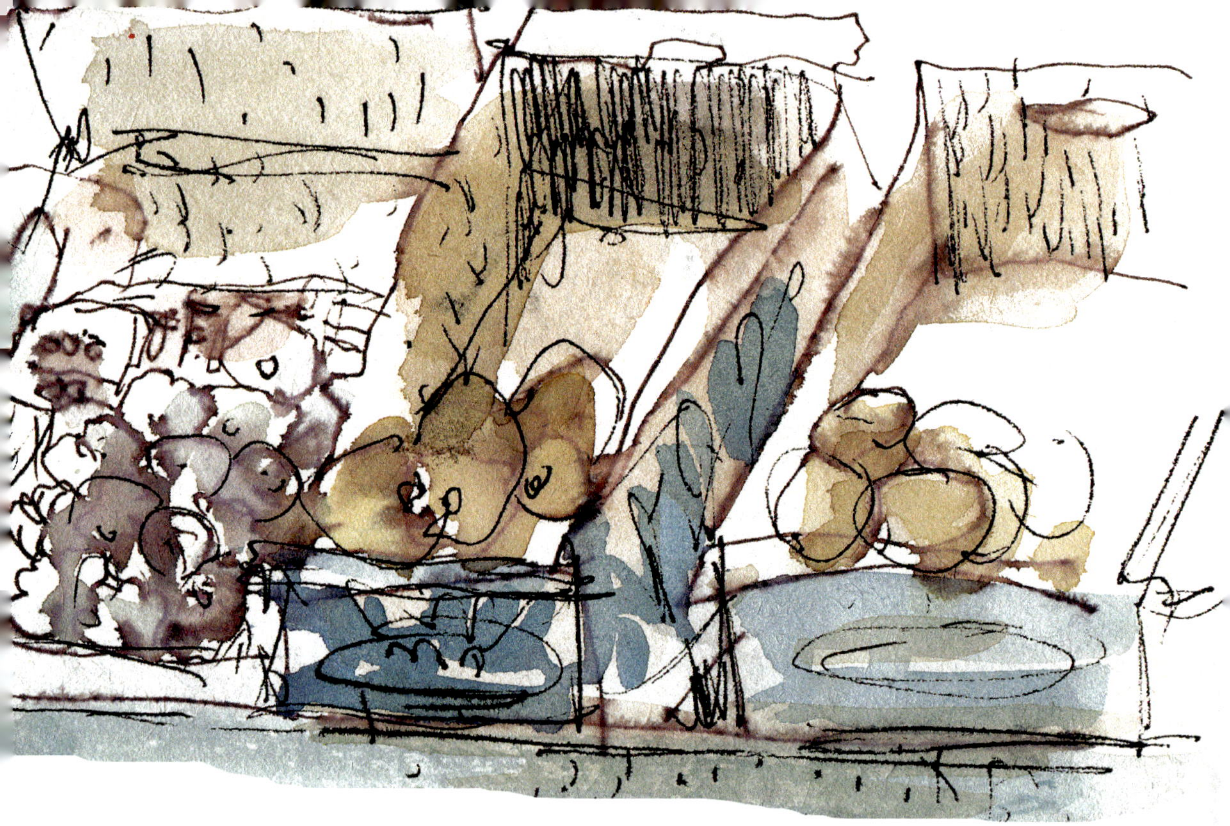

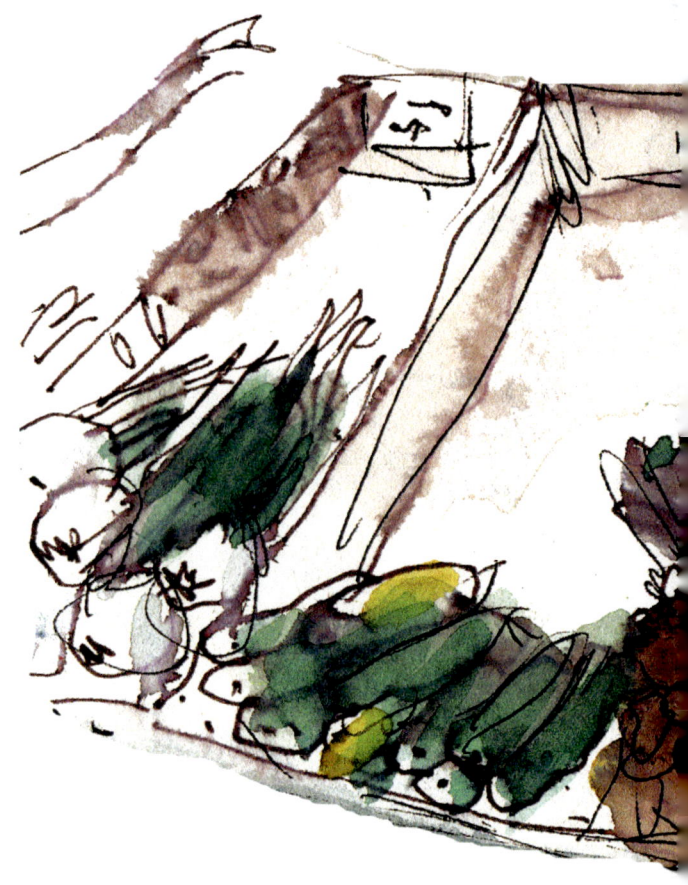

Además, llamaban la atención magníficas pastelerías, alguna que otra floristería e incluso una coqueta herboristería. Después de ver todo aquello estuve perdido buscando una mesa libre, hasta que me llamaron la atención dos jóvenes turistas que me hicieron señas para que ocupara la mesa que ellos iban a desocupar. Con una sonrisa de agradecimiento me senté entre murmullos y aromas en la zona central, en el corazón del mercado, rodeado de cientos de personas sentadas en sillas a juego con las mesas de madera, almorzando y charlando. Allí pude sentarme para reponer fuerzas después de tanto andar, con tiempo para organizar todo el trabajo que a estas alturas llevaba realizado, incluso dispuse de algún rato libre para dibujar.

Museo de la Marioneta

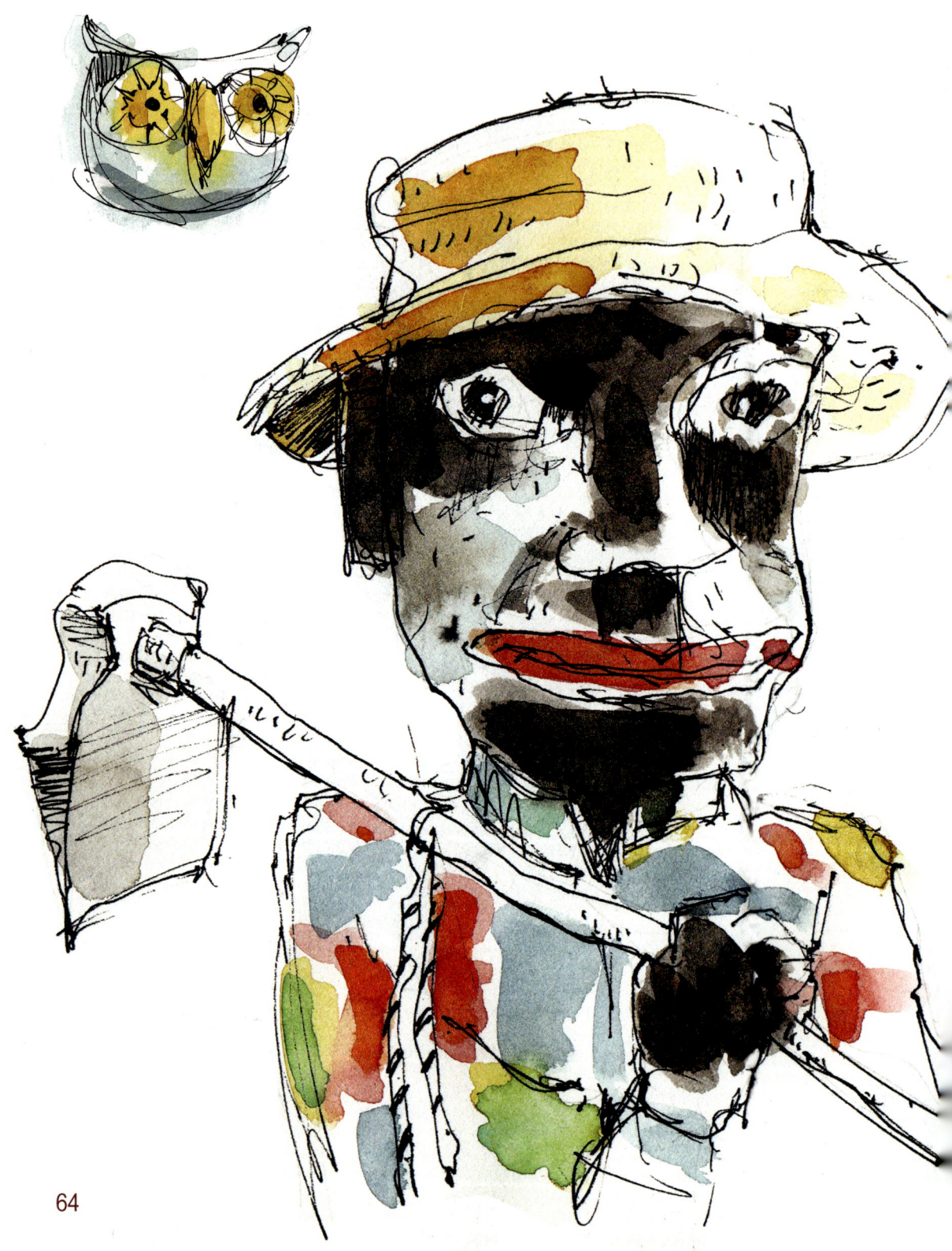

A escasa distancia del barrio de Cais do Sodré, quise adentrarme en el barrio de Madragoa para visitar un entrañable museo de marionetas y máscaras. Está ubicado en el antiguo Convento das Bernardas, levantado en el siglo XVII y desocupado un par de siglos después, teniendo desde 1834, tras la extinción de las órdenes religiosas, distintos usos hasta que a finales del pasado siglo el Ayuntamiento de Lisboa lo remodeló y pasó a contar con viviendas, restaurantes, comercios y asociaciones vecinales; pero sobre todo es conocido por albergar el Museu da Marioneta. Este museo cuenta con unas colecciones verdaderamente espectaculares, acogiendo normalmente todo tipo de actividades y exposiciones temporales relacionados con el arte de los titiriteros.

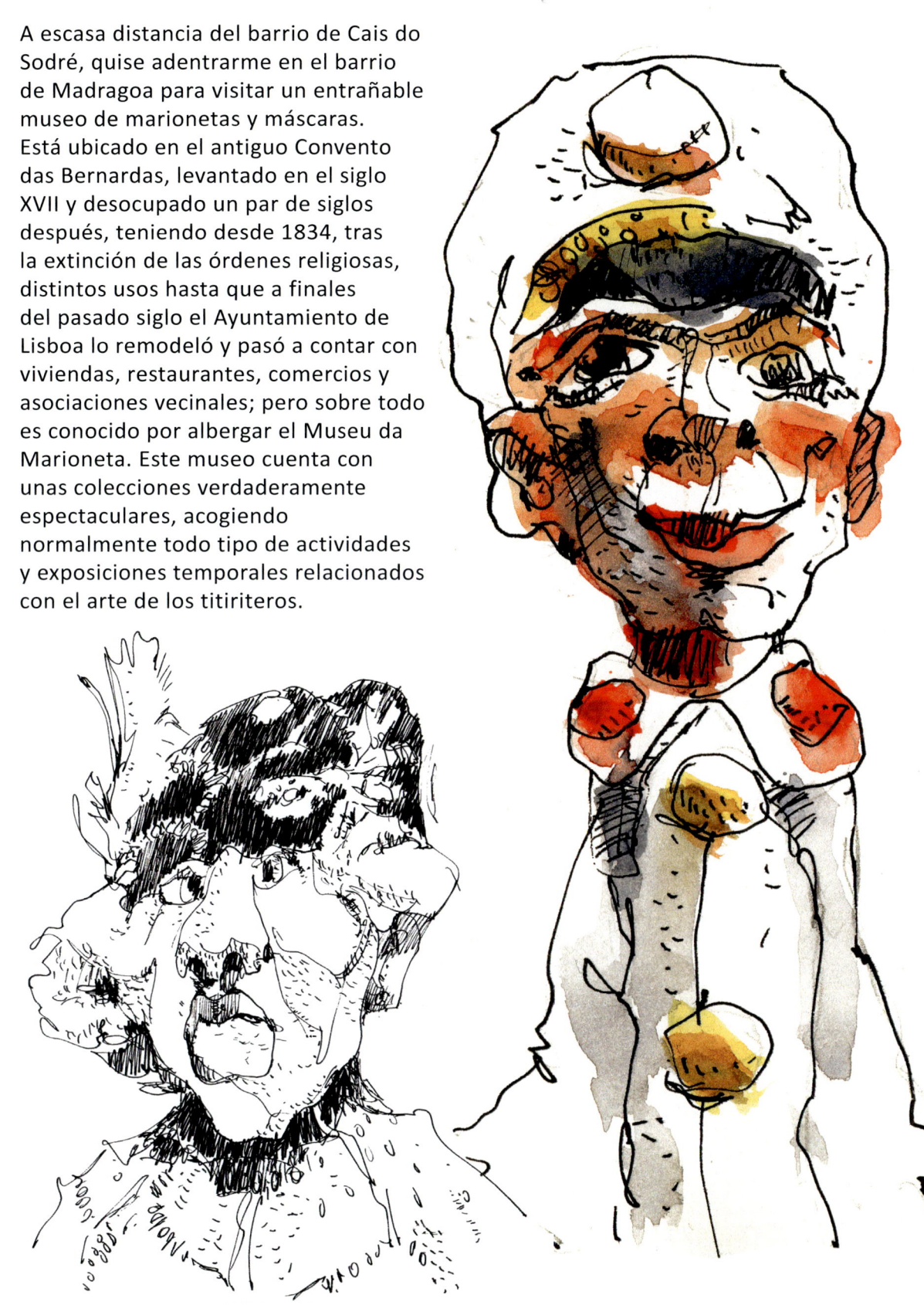

El Teatro Dom Roberto
La tradición titiritera de guante

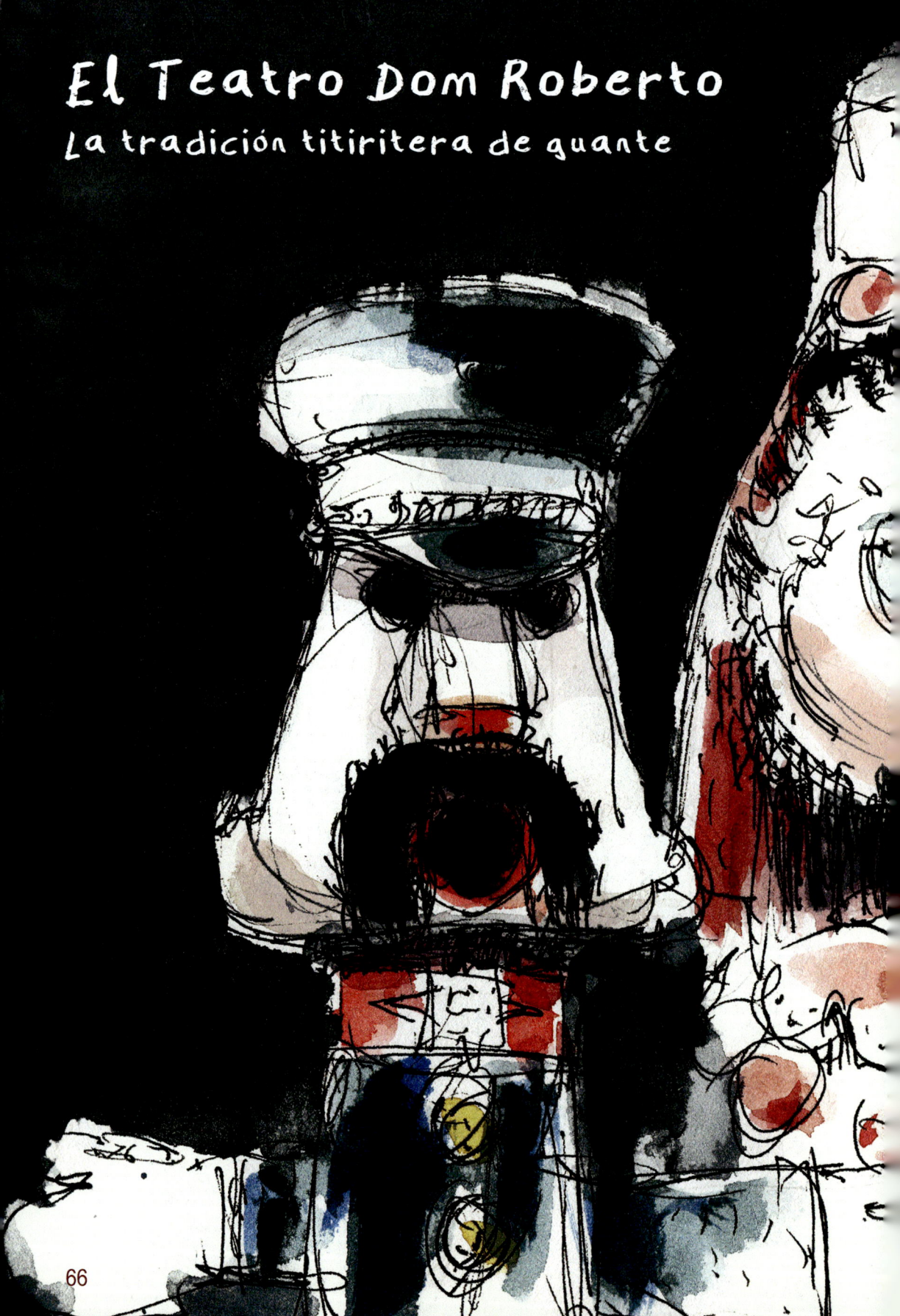

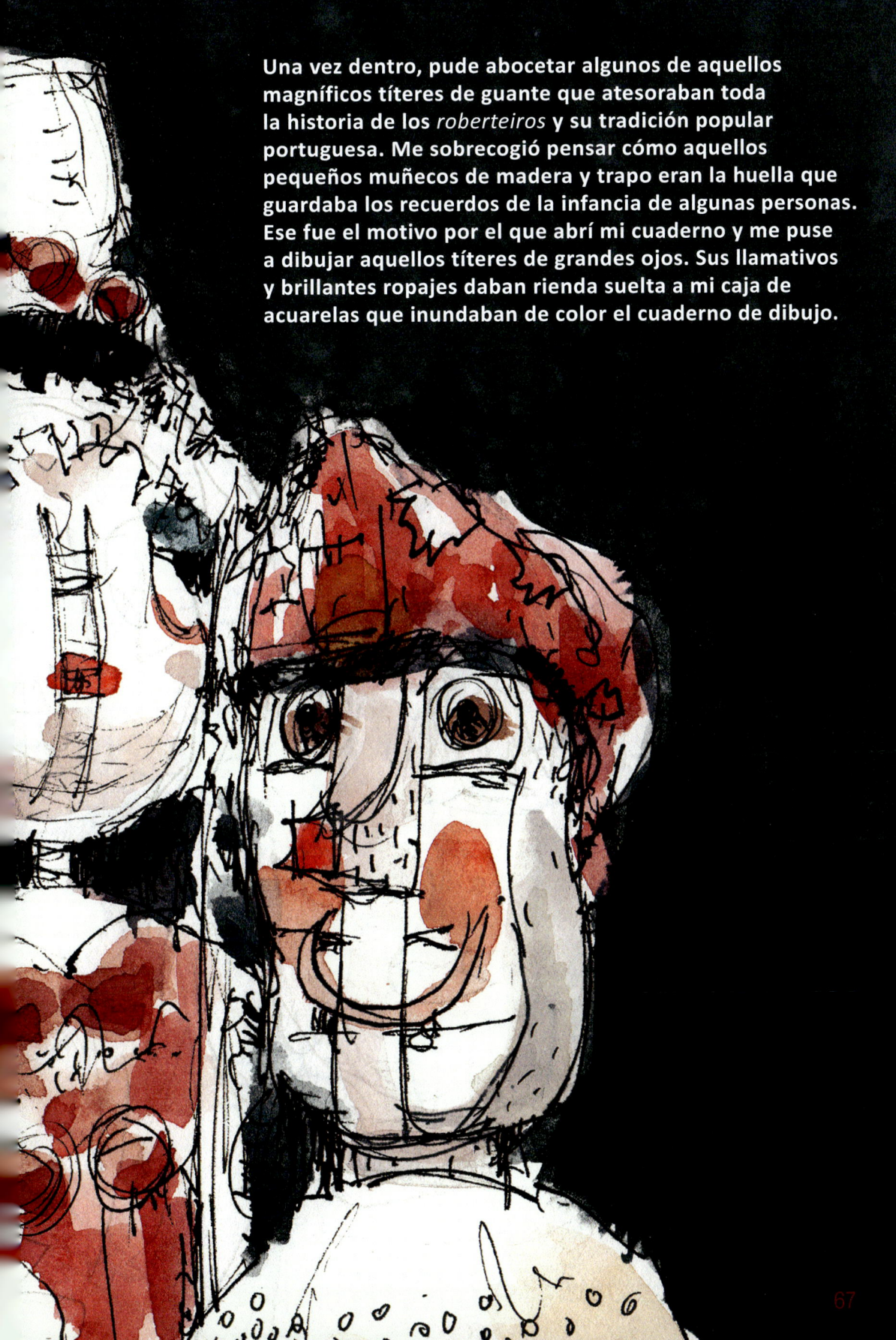

Una vez dentro, pude abocetar algunos de aquellos magníficos títeres de guante que atesoraban toda la historia de los *roberteiros* y su tradición popular portuguesa. Me sobrecogió pensar cómo aquellos pequeños muñecos de madera y trapo eran la huella que guardaba los recuerdos de la infancia de algunas personas. Ese fue el motivo por el que abrí mi cuaderno y me puse a dibujar aquellos títeres de grandes ojos. Sus llamativos y brillantes ropajes daban rienda suelta a mi caja de acuarelas que inundaban de color el cuaderno de dibujo.

En aquella visita, pude vislumbrar los nombres de grandes maestros *roberterios*
como Antonio Dias o João Paulo Cardoso, destacados por hacer posible que
hoy en día se mantenga la tradición titiritera itinerante en la capital lusitana.
Sus representaciones se basaban principalmente en el Teatro Dom Roberto: un

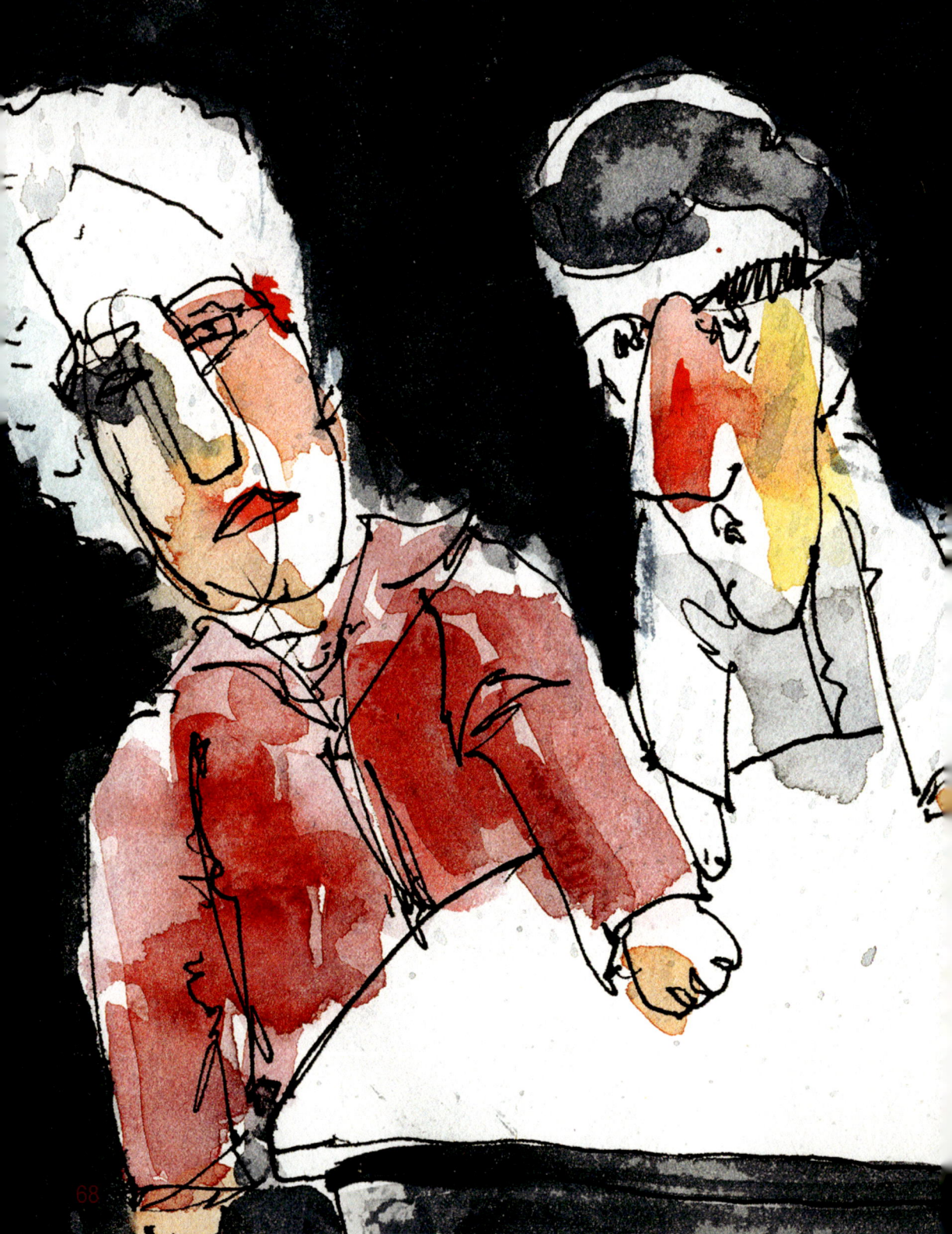

particular espectáculo donde el titiritero daba voz a los muñecos con una caña colocada en la boca, produciendo sonidos muy peculiares.

El nombre de *roberteiro* se relaciona con una comedia popular, *O Roberto e o Diabo*, que cuenta la historia de Robert, el duque de Normandía, aunque posiblemente el nombre también se puede asociar al empresario y dueño del teatro de Lisboa, Roberto Xabier de Matos, que dirigió varias compañías de ferias portuguesas.

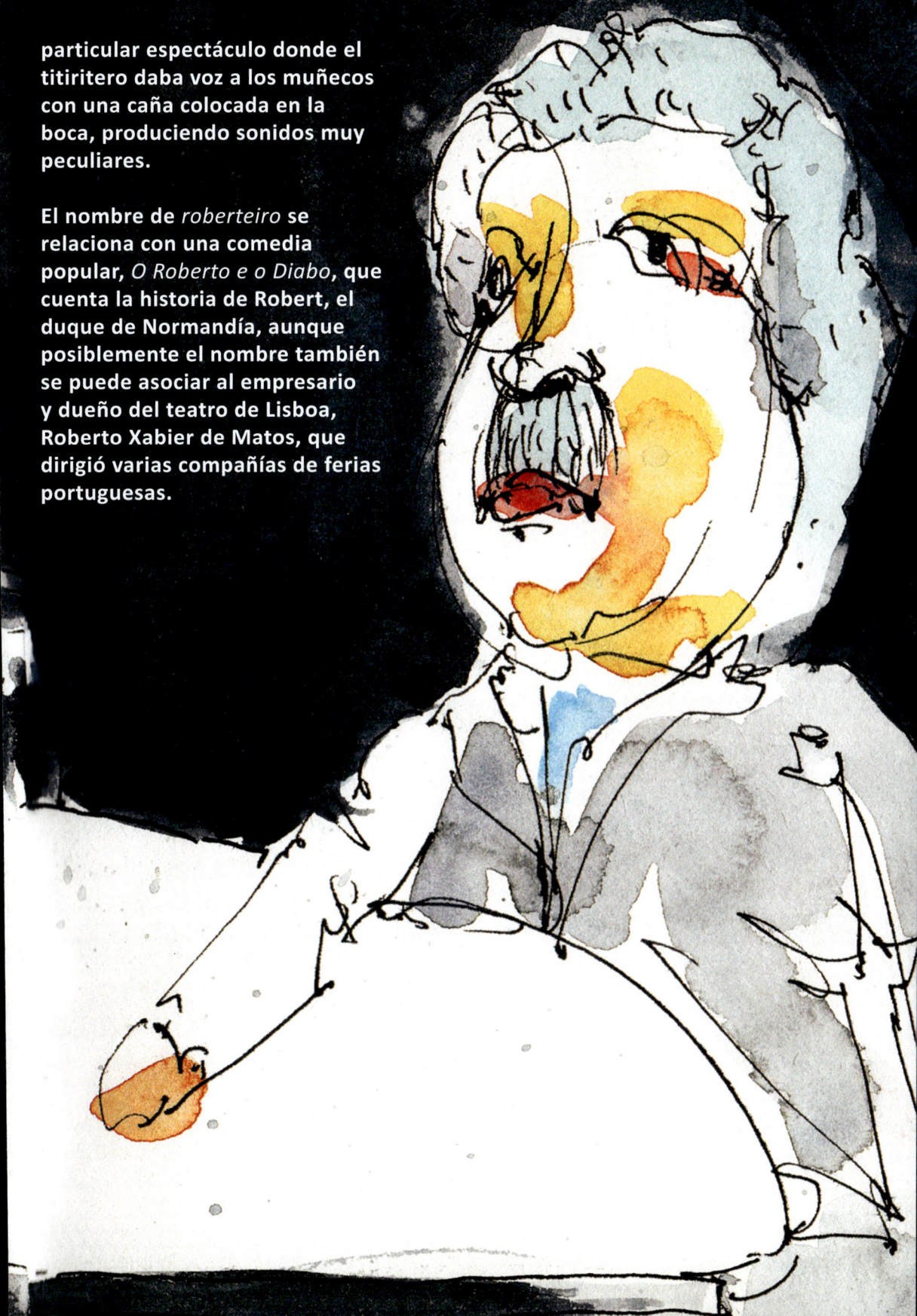

Las máscaras

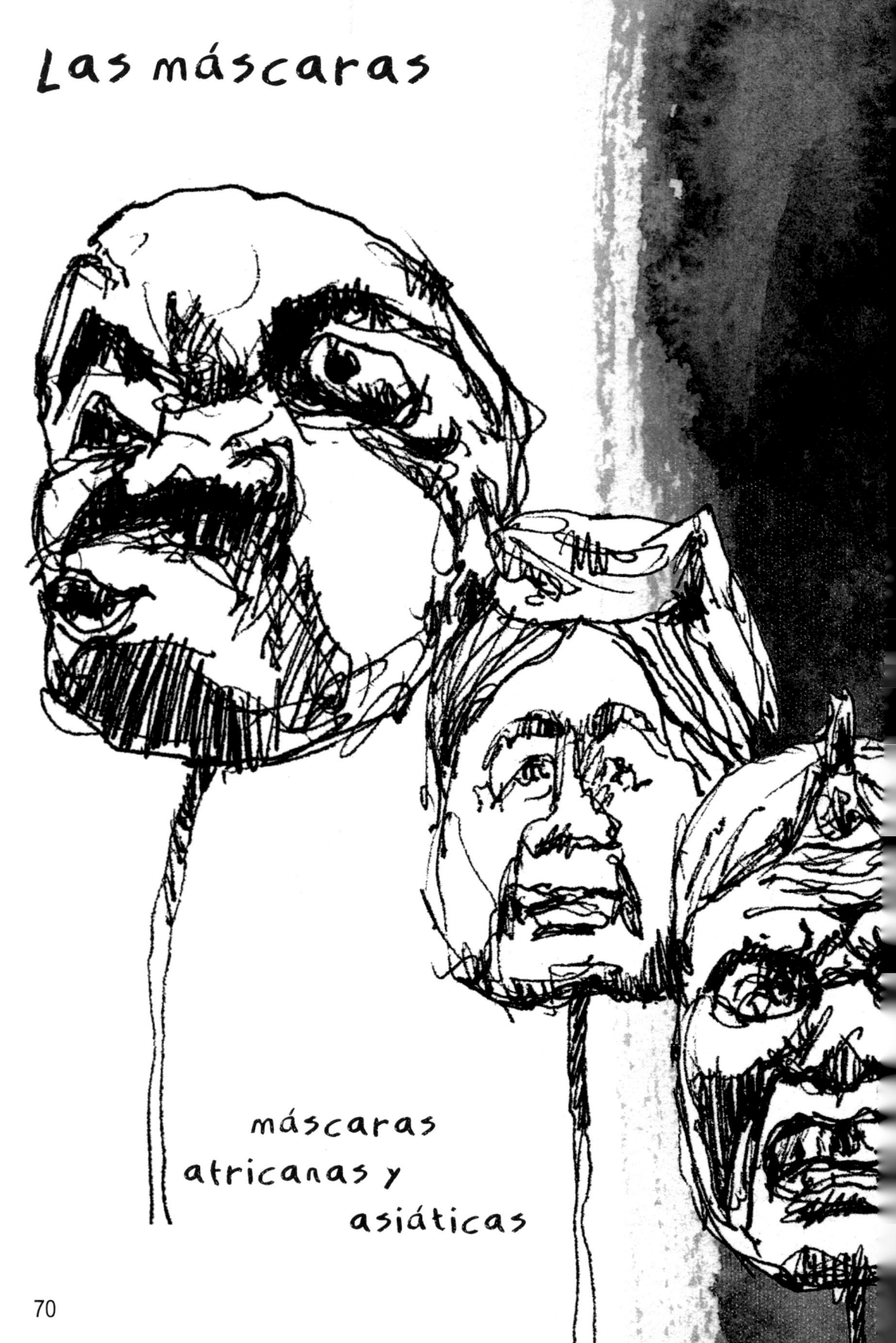

máscaras
africanas y
asiáticas

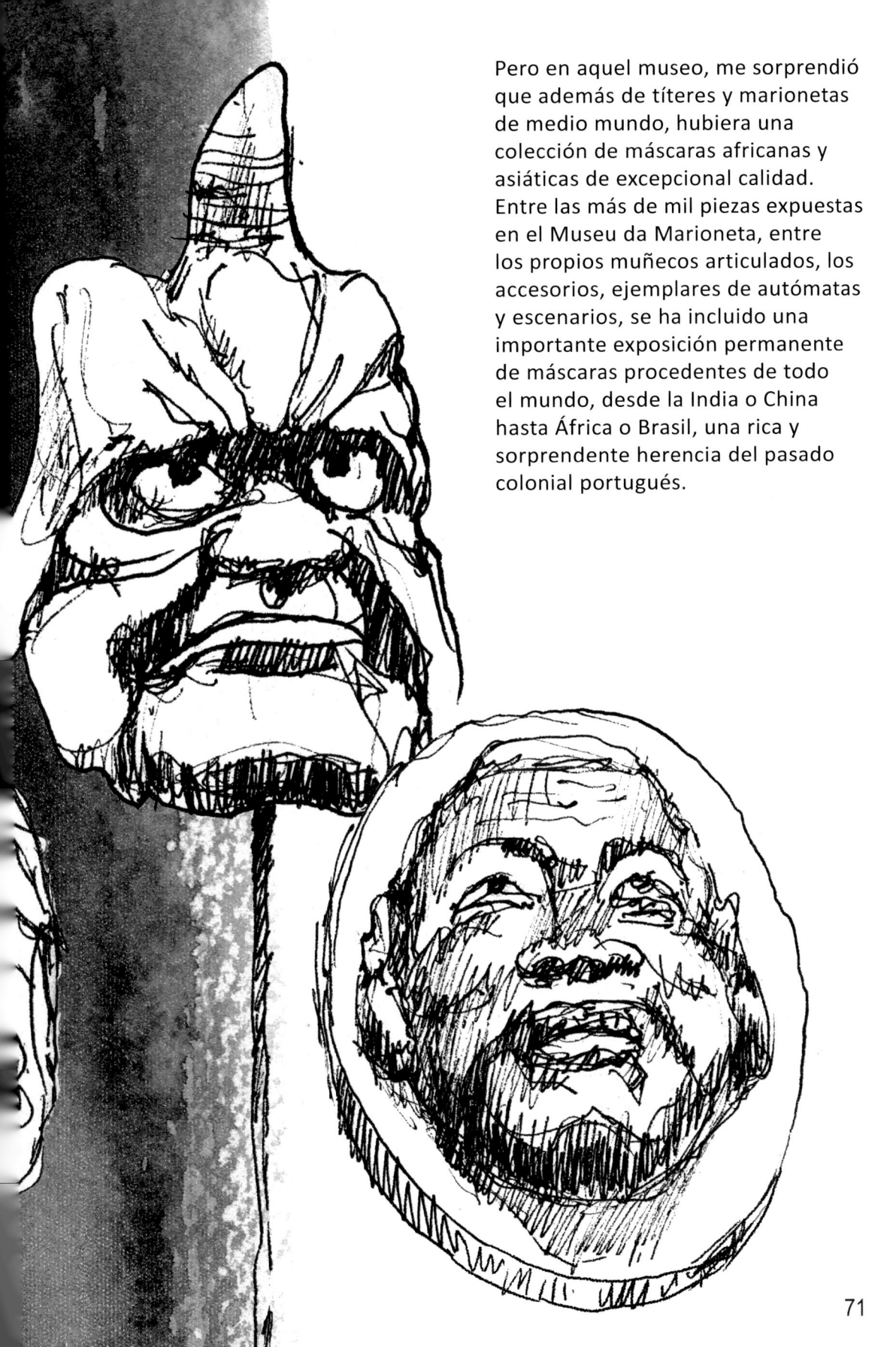

Pero en aquel museo, me sorprendió que además de títeres y marionetas de medio mundo, hubiera una colección de máscaras africanas y asiáticas de excepcional calidad. Entre las más de mil piezas expuestas en el Museu da Marioneta, entre los propios muñecos articulados, los accesorios, ejemplares de autómatas y escenarios, se ha incluido una importante exposición permanente de máscaras procedentes de todo el mundo, desde la India o China hasta África o Brasil, una rica y sorprendente herencia del pasado colonial portugués.

71

El mundo de Tim Burton

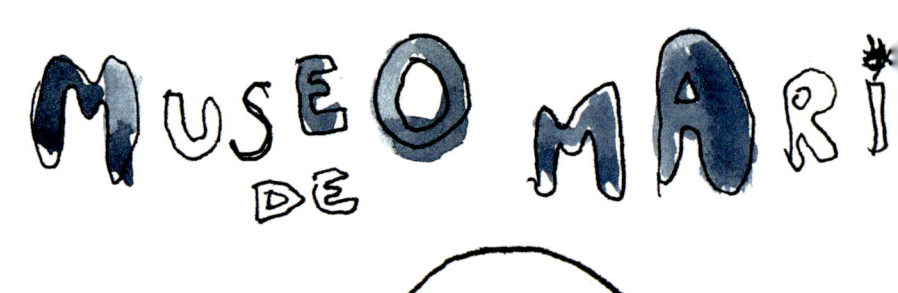

MUSEO DE MARI

En el museo de las marionetas tuve la suerte de encontrarme con una impresionante exposición temporal en homenaje a las películas de animación de Tim Burton. Todo un mundo de marionetas, maquetas y hasta el atrezo empleado en películas de Tim Burton como *La novia cadáver*, *Frankenweenie* o la película de culto *Mars Attacks*!. El montaje de la exposición se presentaba desde la oscuridad: cada personaje, situado en su propio mundo, era iluminado puntualmente.

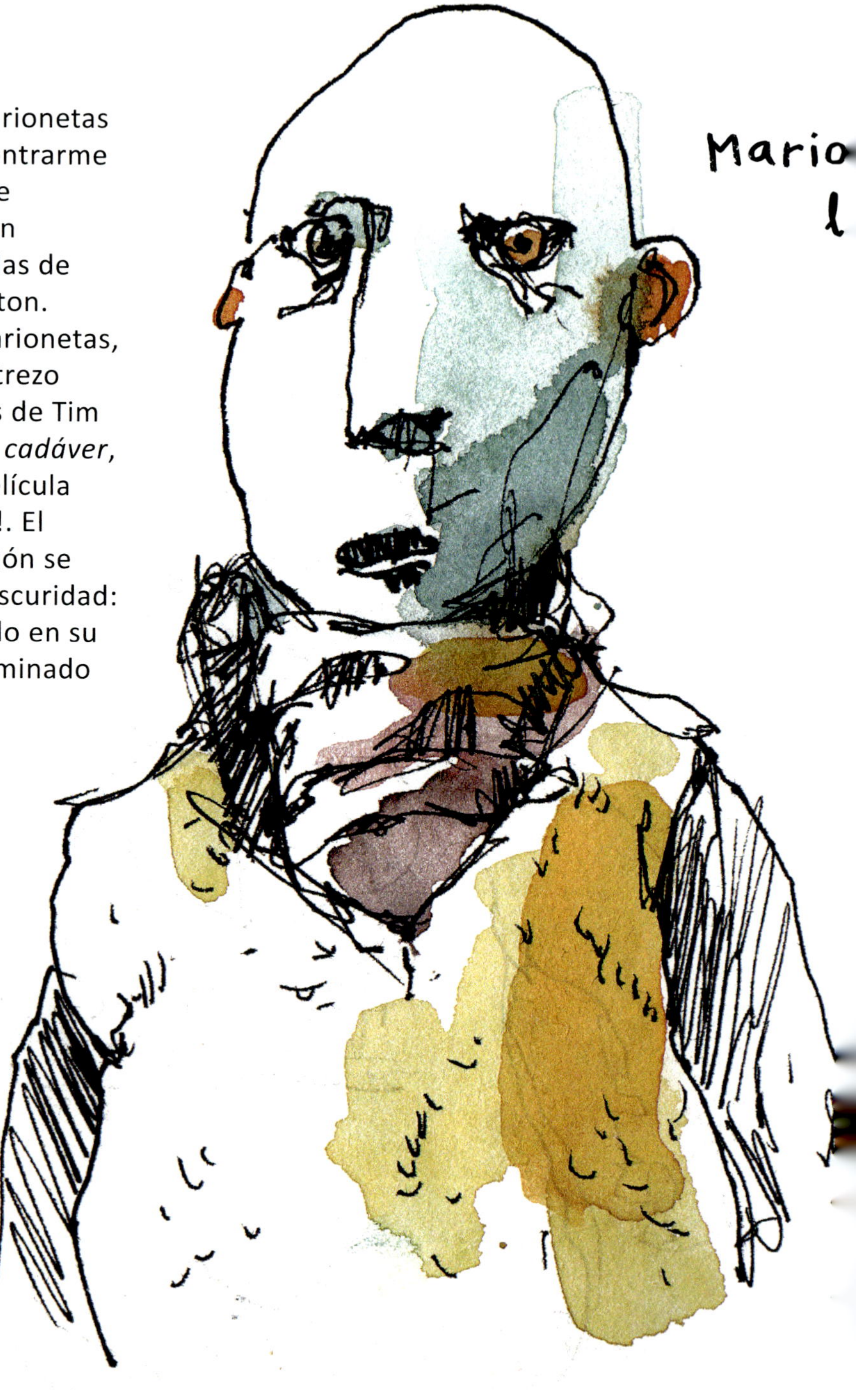

Mario
l

Un Mundo
de
Historias

NETAS

s de
lícula

m Burton

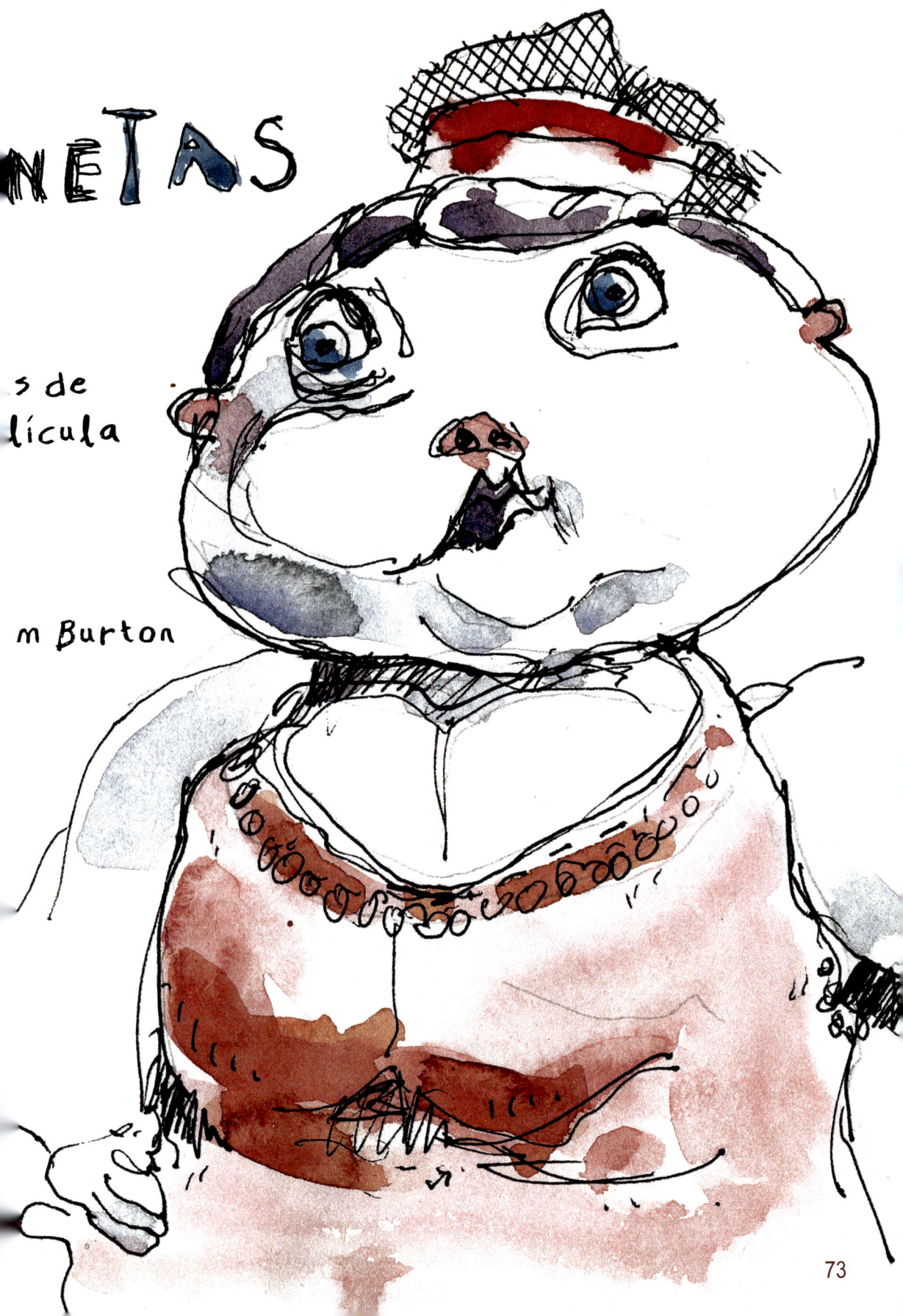

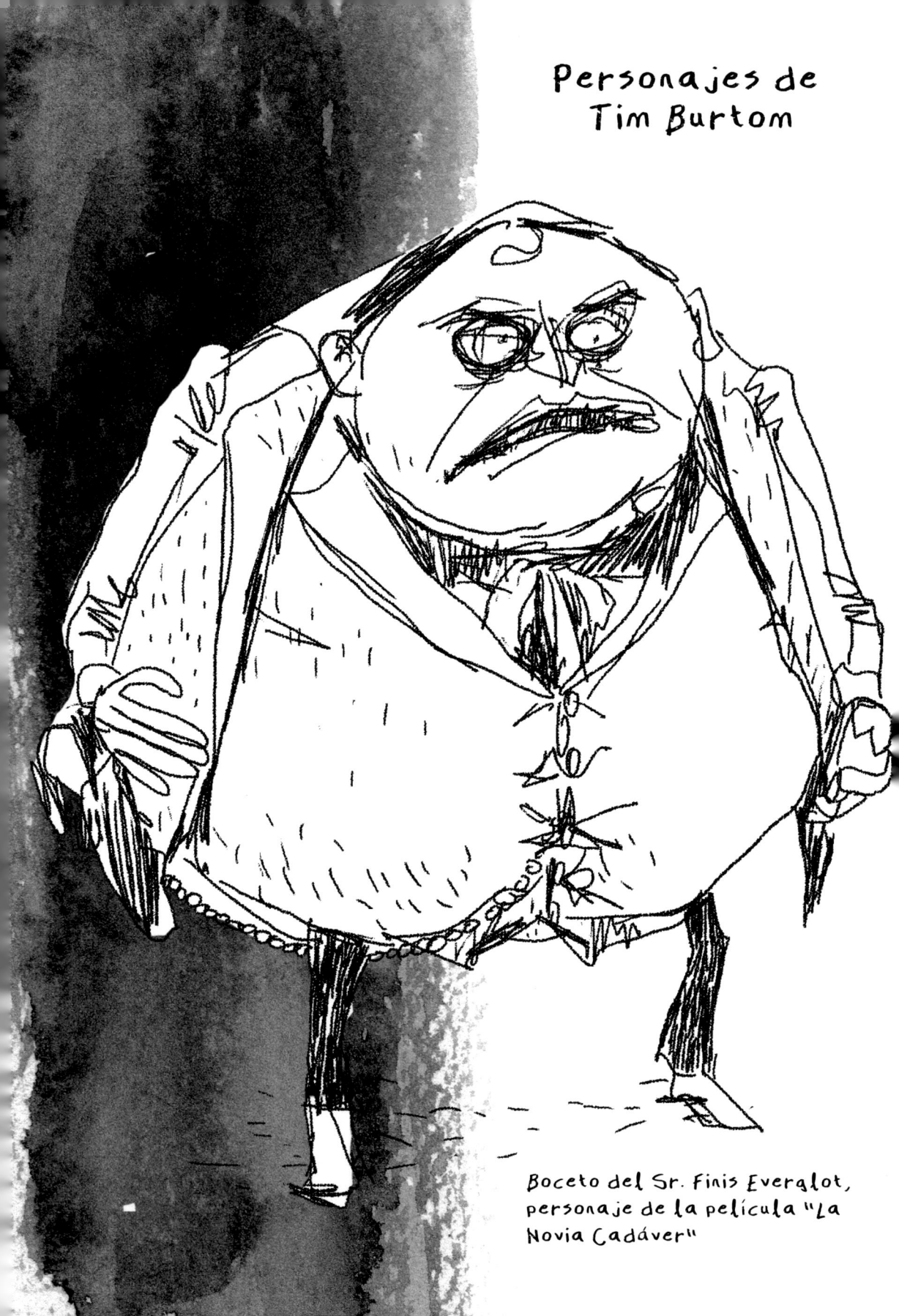

Personajes de
Tim Burtom

Boceto del Sr. Finis Everglot,
personaje de la película "La
Novia Cadáver"

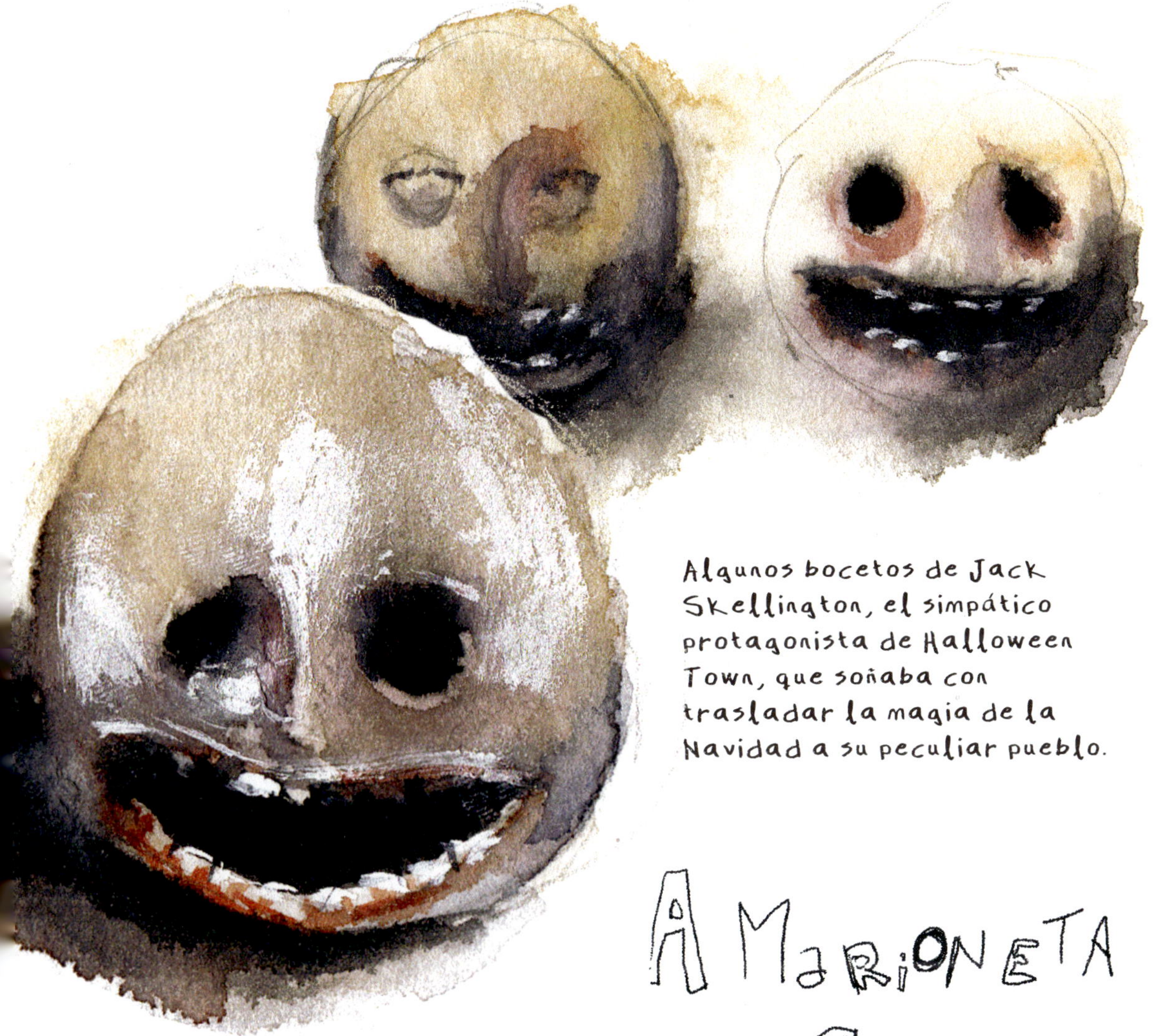

Algunos bocetos de Jack Skellington, el simpático protagonista de Halloween Town, que soñaba con trasladar la magia de la Navidad a su peculiar pueblo.

A Marioneta no Cinema

stop-motion

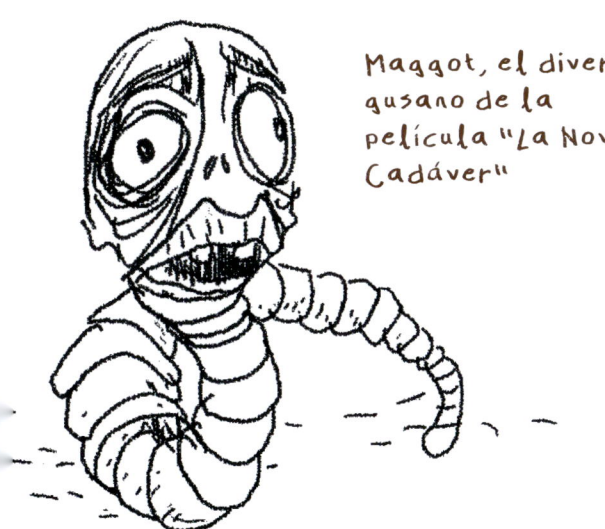

Maggot, el divertido gusano de la película "La Novia Cadáver"

Allí me entretuve bocetando algunas de las marionetas que se exhibían con los mismos escenarios utilizados para sus películas de *stop-motion*, así como los bocetos originales diseñados para cada película.

Museo de Oriente

De nuevo a bordo del moderno tranvía 15 y en dirección al barrio de Belém, hice otra parada para visitar el Museo de Oriente. Nada más bajar del tranvía y antes de dirigirme al museo, me quedé por un instante absorto admirando la enormidad del puente colgante 25 de abril sobre el río Tajo. Tras aquella impresionante contemplación puse rumbo al museo para toparme con un edificio de austera arquitectura, donde únicamente sobresalían dos bajorrelieves a ambos lados de la fachada principal. Esta estructura tan elemental se debía a que originalmente y hasta la década de los cuarenta, fue uno de los edificios de los antiguos muelles de la ciudad, para posteriormente ser reacondicionado y rehabilitado convirtiéndose en el museo actual. Dentro, me sorprendió la grandiosa colección de piezas orientales que alberga: máscaras, armaduras samuráis, vestimentas y trajes de época, cerámicas, diversos utensilios como cuencos o teteras, objetos decorativos e inclusos fantásticos grabados. Allí aproveché para dibujar mientras paseaba por las diferentes salas expositivas, que hacían un recorrido temático por diferentes países como Japón, China, India, Tailandia o Indonesia.

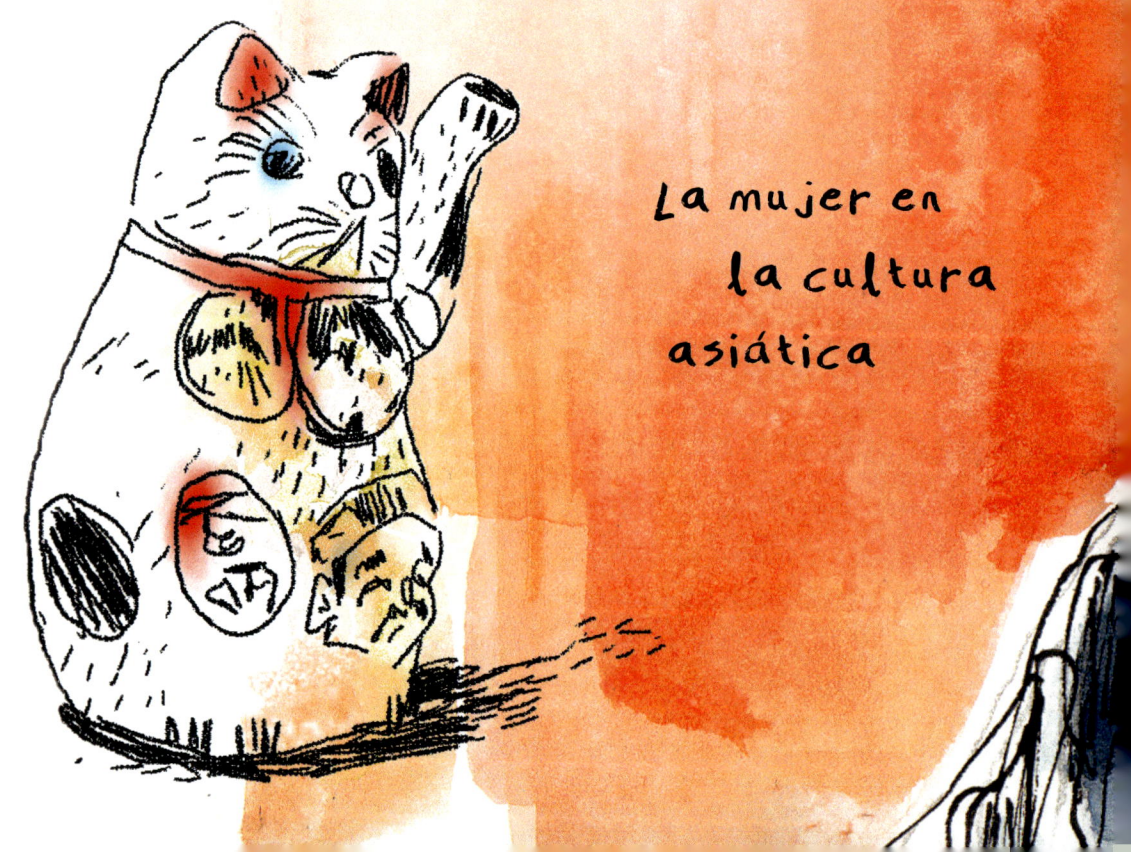

La mujer en la cultura asiática

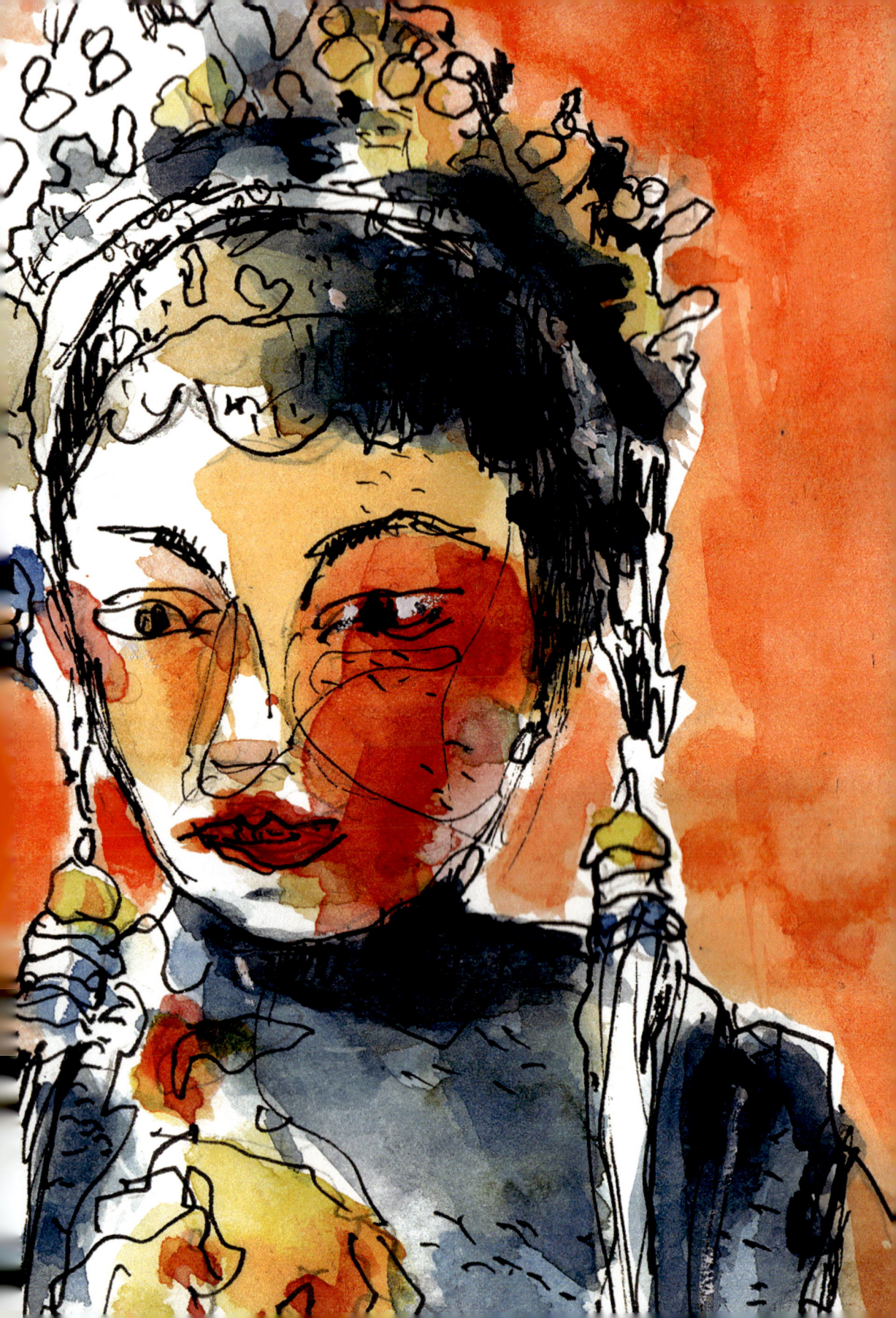

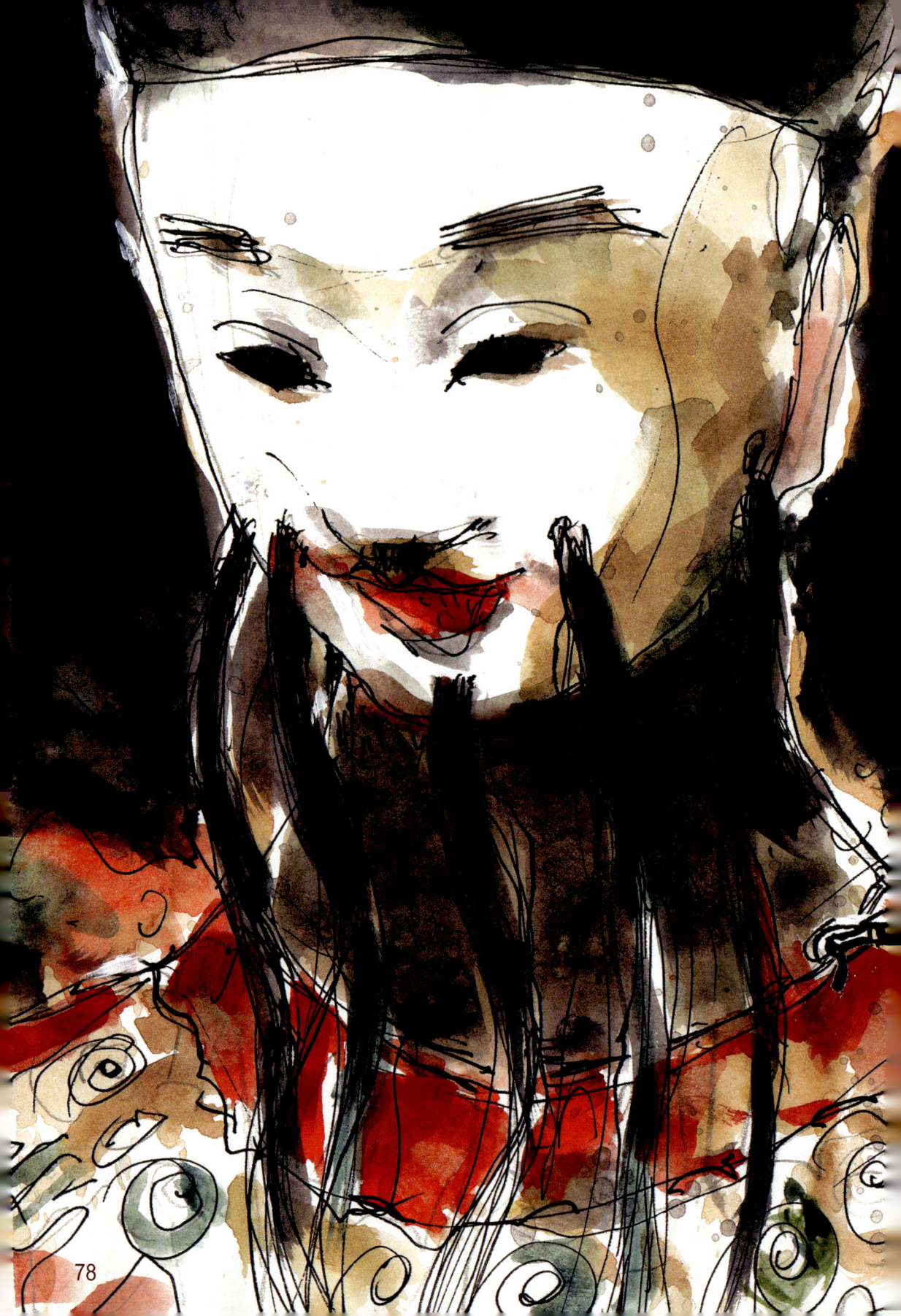

Museu do Oriente

En la segunda planta del museo, presencié una exposición de objetos procedentes de la colección del hongkonés Kwok On, la cual fue trasladada desde su antigua ubicación en París hasta este Museo de Oriente lisboeta. Se trata de una exposición permanente que cuenta con una amplísima colección de piezas de arte popular, mitológica y religiosa de la cultura asiática. Tras varias horas dibujando y disfrutando de la exposición, decidí retornar al tranvía, no sin antes asomarme al auditorio y otras salas que en el edificio se destinan a conferencias, encuentros y seminarios.

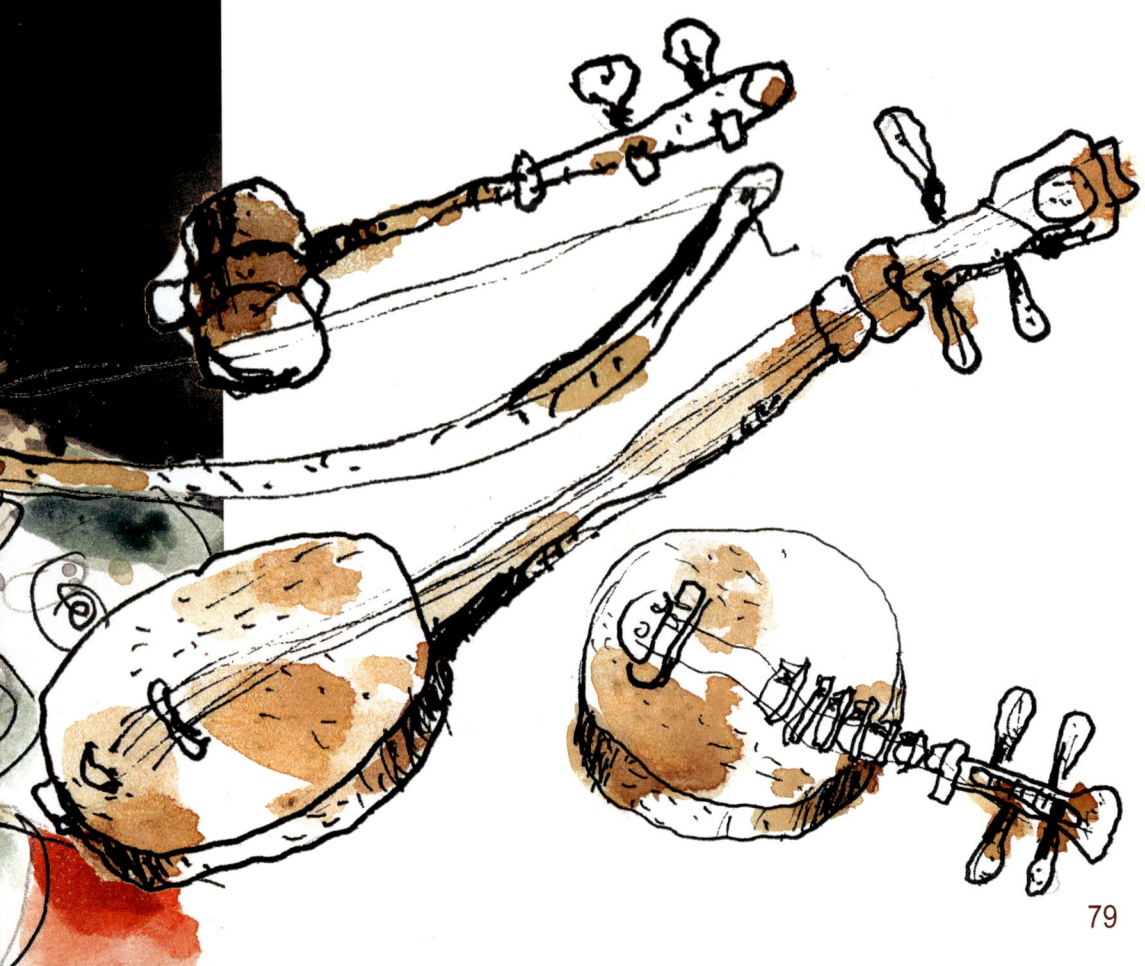

Museo del Carris

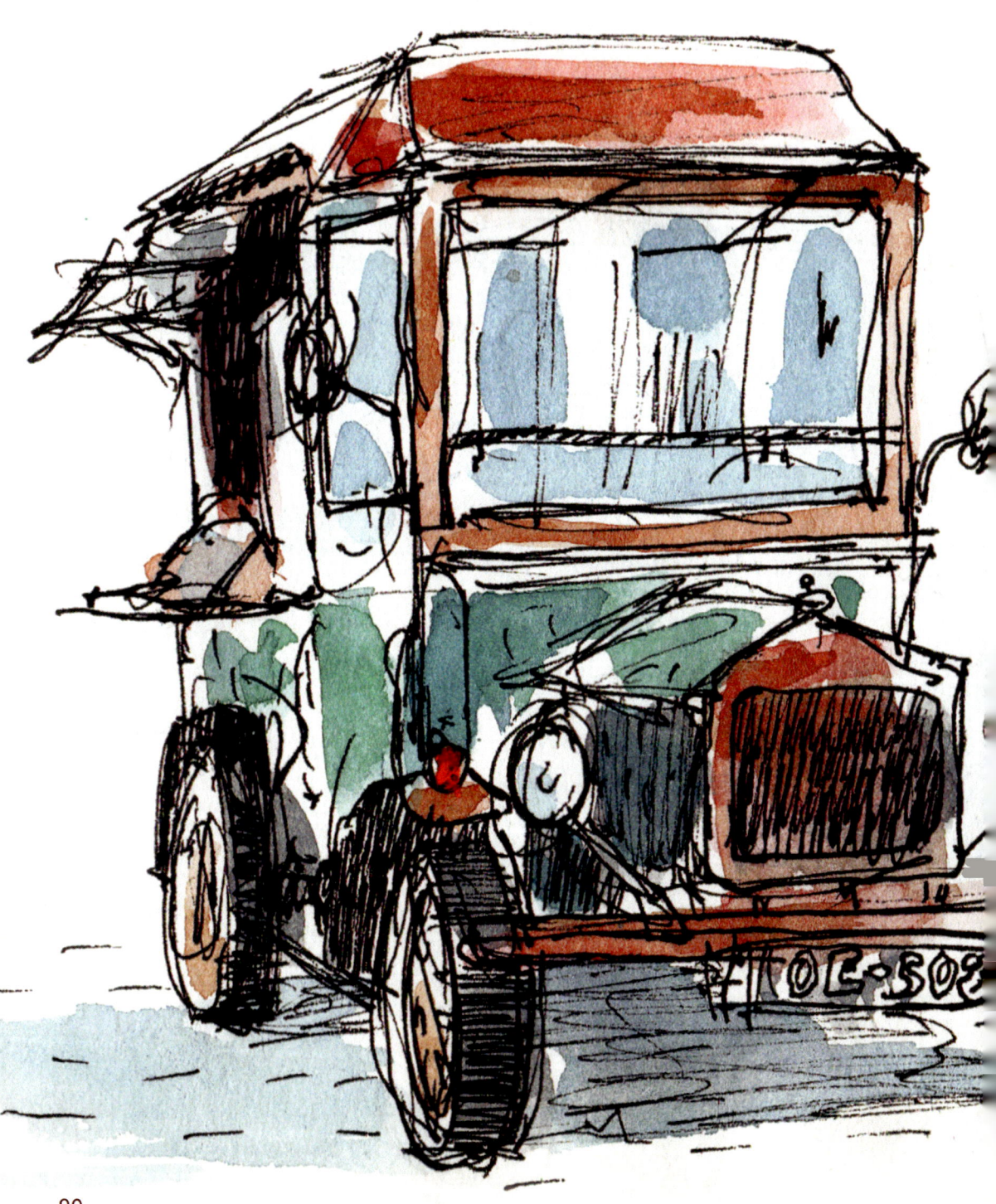

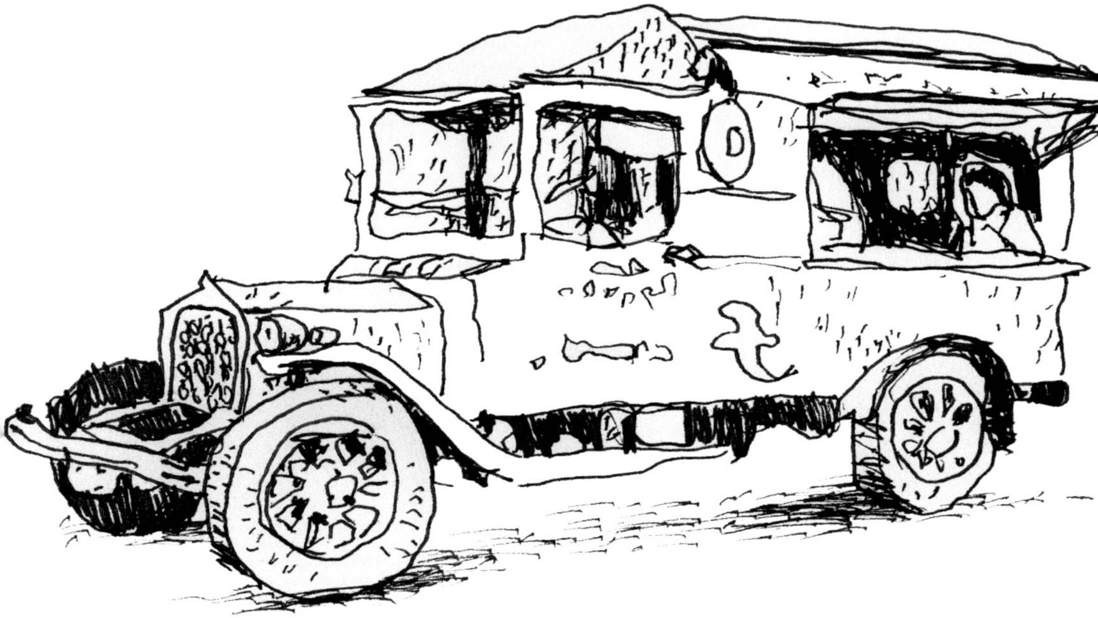

¡Apretad los cinturones y buen viaje!

¡Apretad los cinturones y buen viaje! Esta es la frase que puedes leer en cuanto entras en el Museu da Carris. Nada más lejos de la realidad, puesto que no es menester precaución alguna. Esta fue una de las visitas más motivadoras y espectaculares que pude realizar en Lisboa. Sus grandes espacios, la ambientación y los antiguos tranvías allí expuestos me trasportaron a un inigualable viaje en el tiempo.

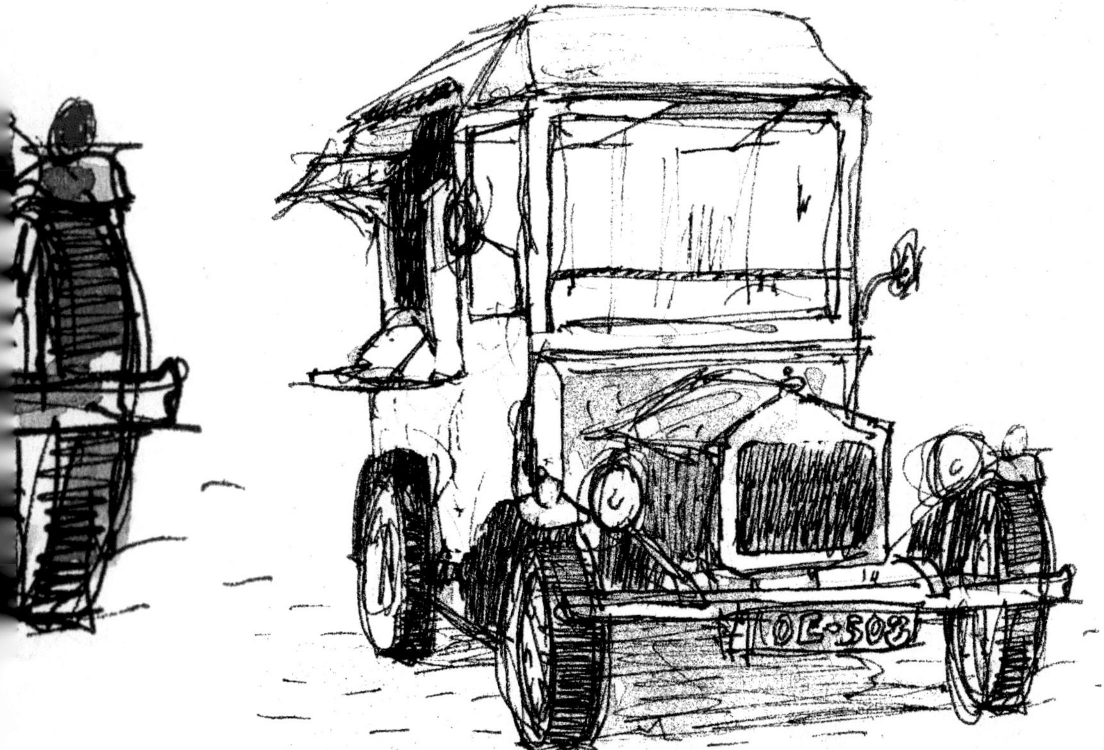

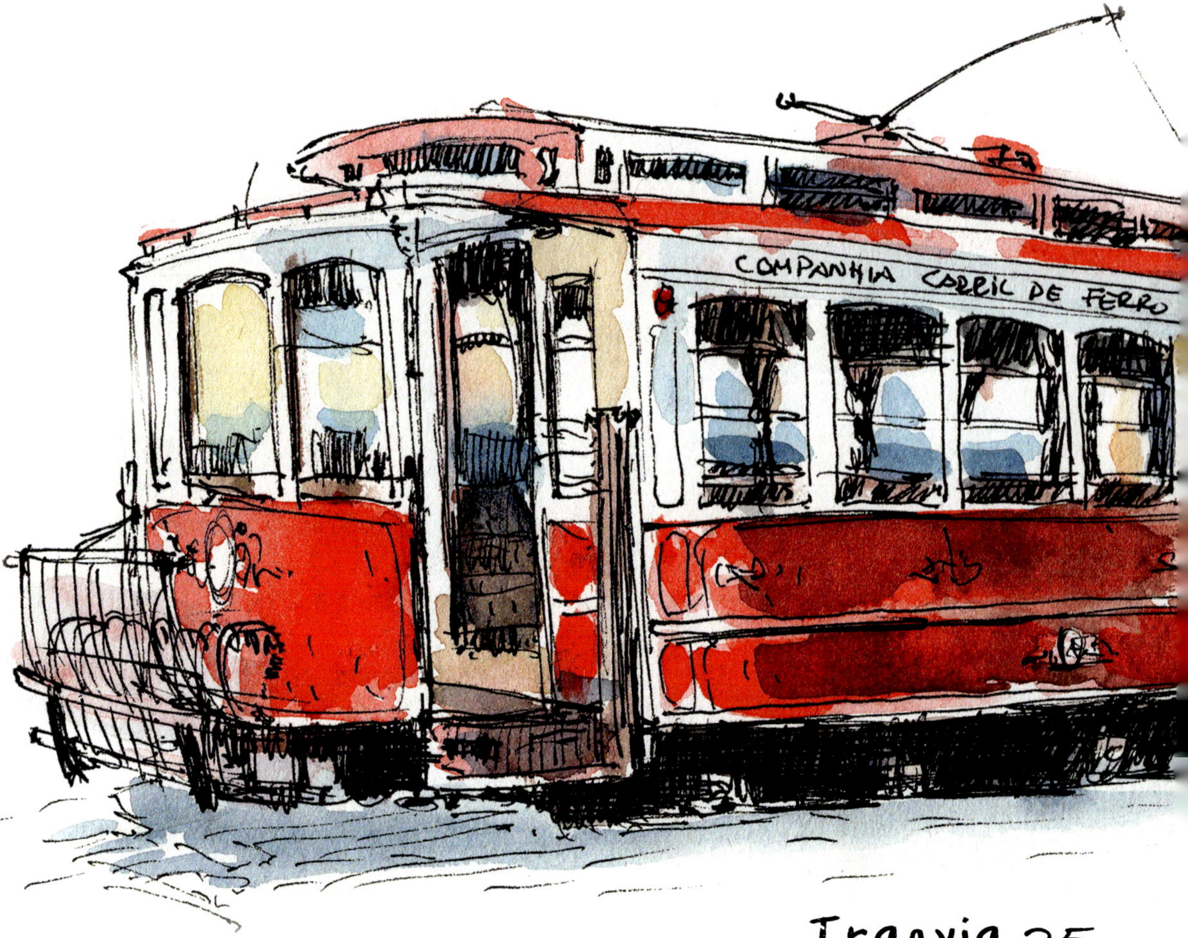

Tranvia 25

¡Si realmente existe el numen inspirador, aquel era el lugar adecuado!

La memoria del transporte público de Lisboa, desde carros tirados por mulas hasta la actualidad, todo narrado bajo una mágica escena que te transporta a épocas anteriores. Fotografías de época, uniformes, tranvías, coches, autobuses y todo tipo de documentos y objetos históricos. Me quedé absorto recreándome en posibles historias de aquella gente en su trasiego por la ciudad para acudir al trabajo o simplemente para visitar a la familia o pasear con ella. Ante aquella inigualable experiencia atemporal e inspiradora fueron surgiendo

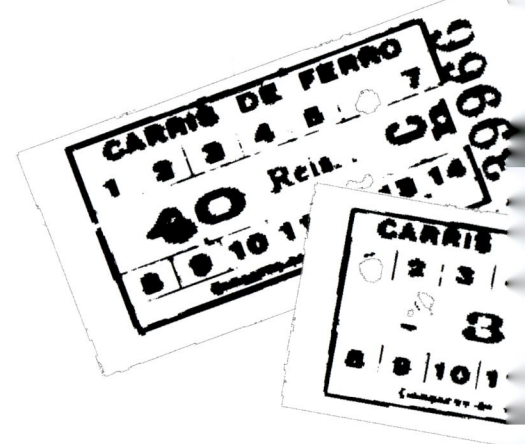

del lápiz, unos tras otros, distintos dibujos de carros, tranvías y autobuses, con la amplísima zona expositiva de fondo, así como del antiguo taller y su impresionante colección de vehículos, que recorre la evolución de los transportes en la capital portuguesa. Aquel momento cristalizó en un mágico recuerdo que realmente uno no ha vivido ni experimentado jamás; supongo que debe de existir una especie de sino histórico almacenado en la memoria colectiva, transmitido de generación en generación y que, en momentos como este, brota imponente en nuestra conciencia.

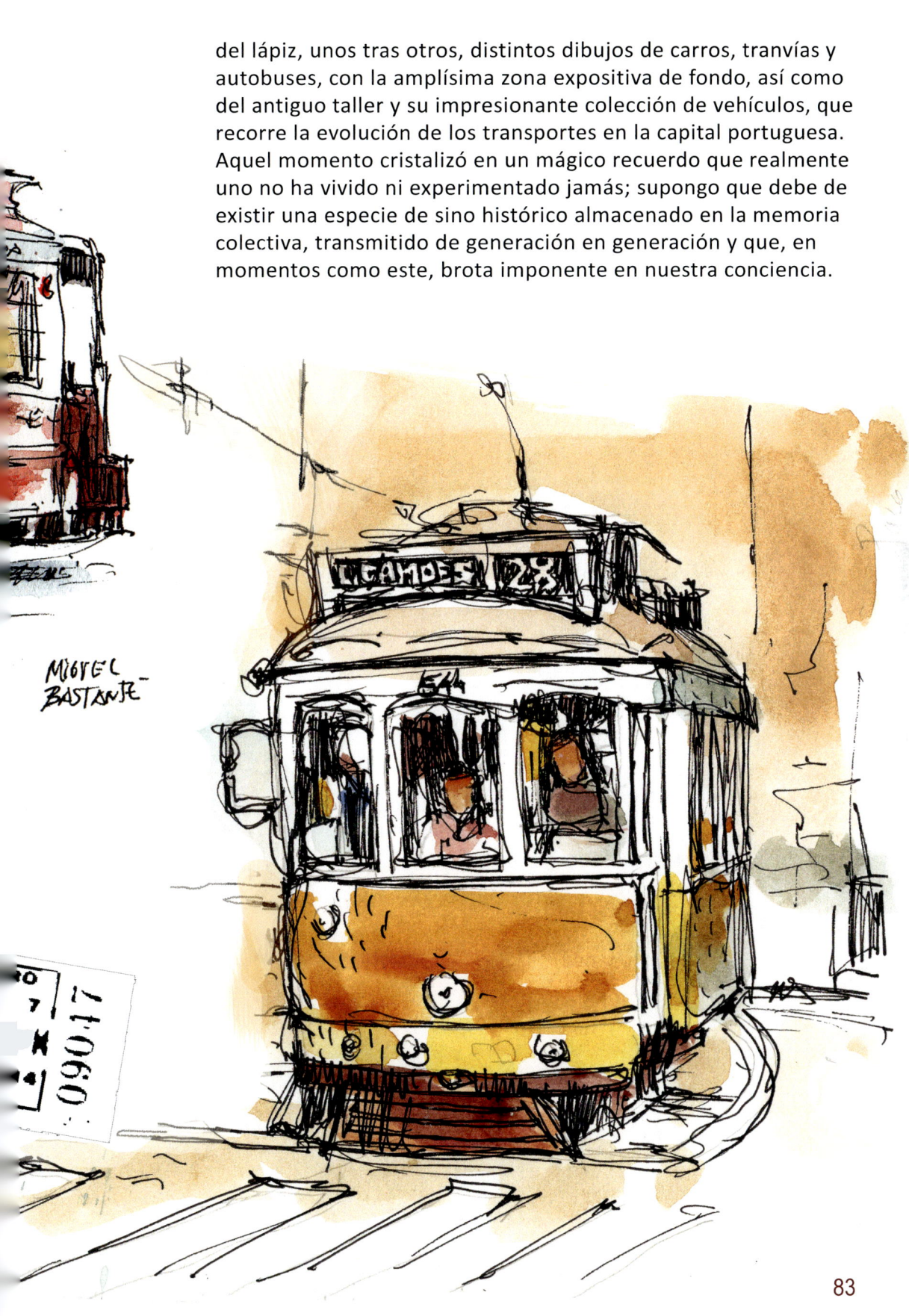

Museo del Carruaje

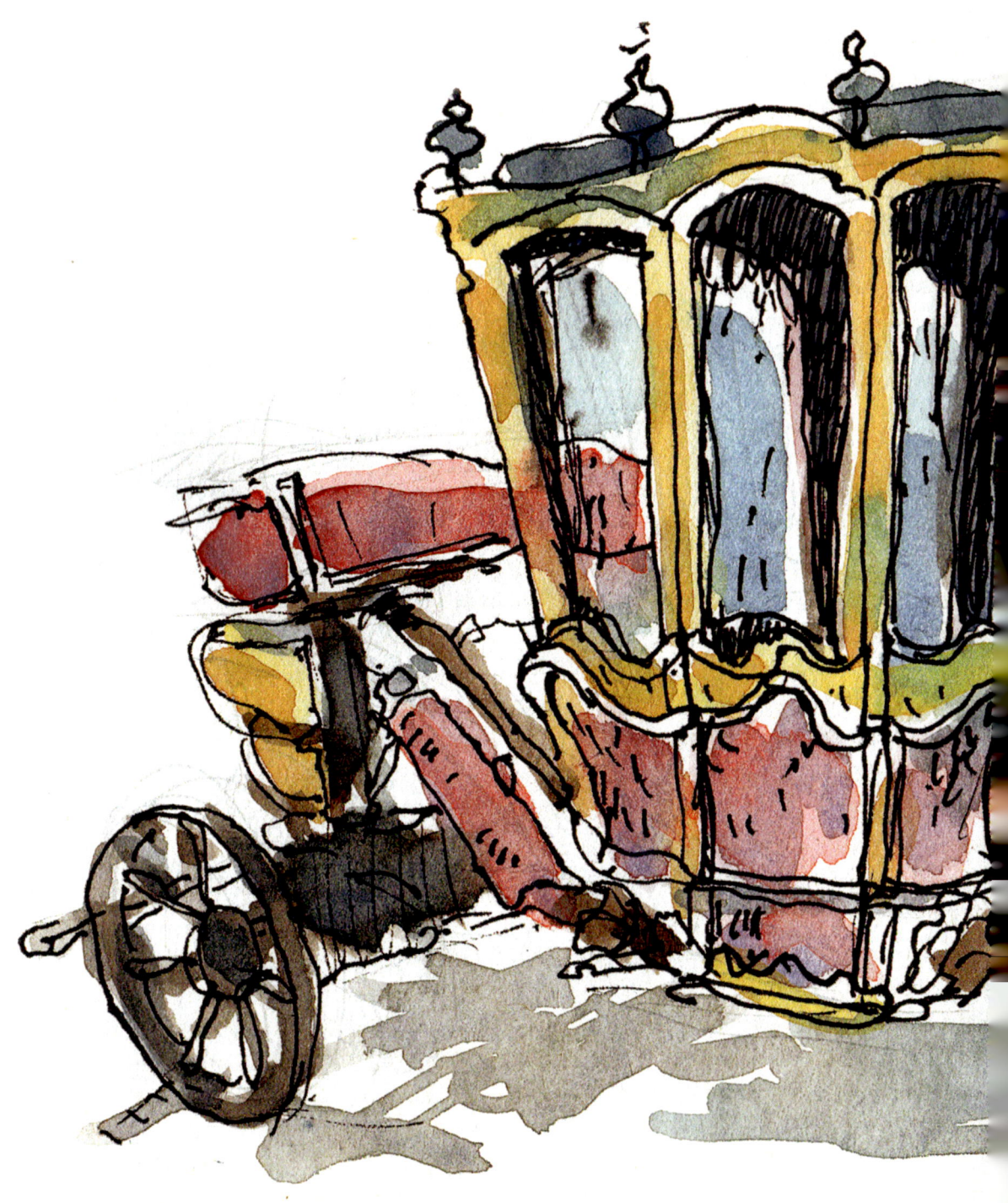

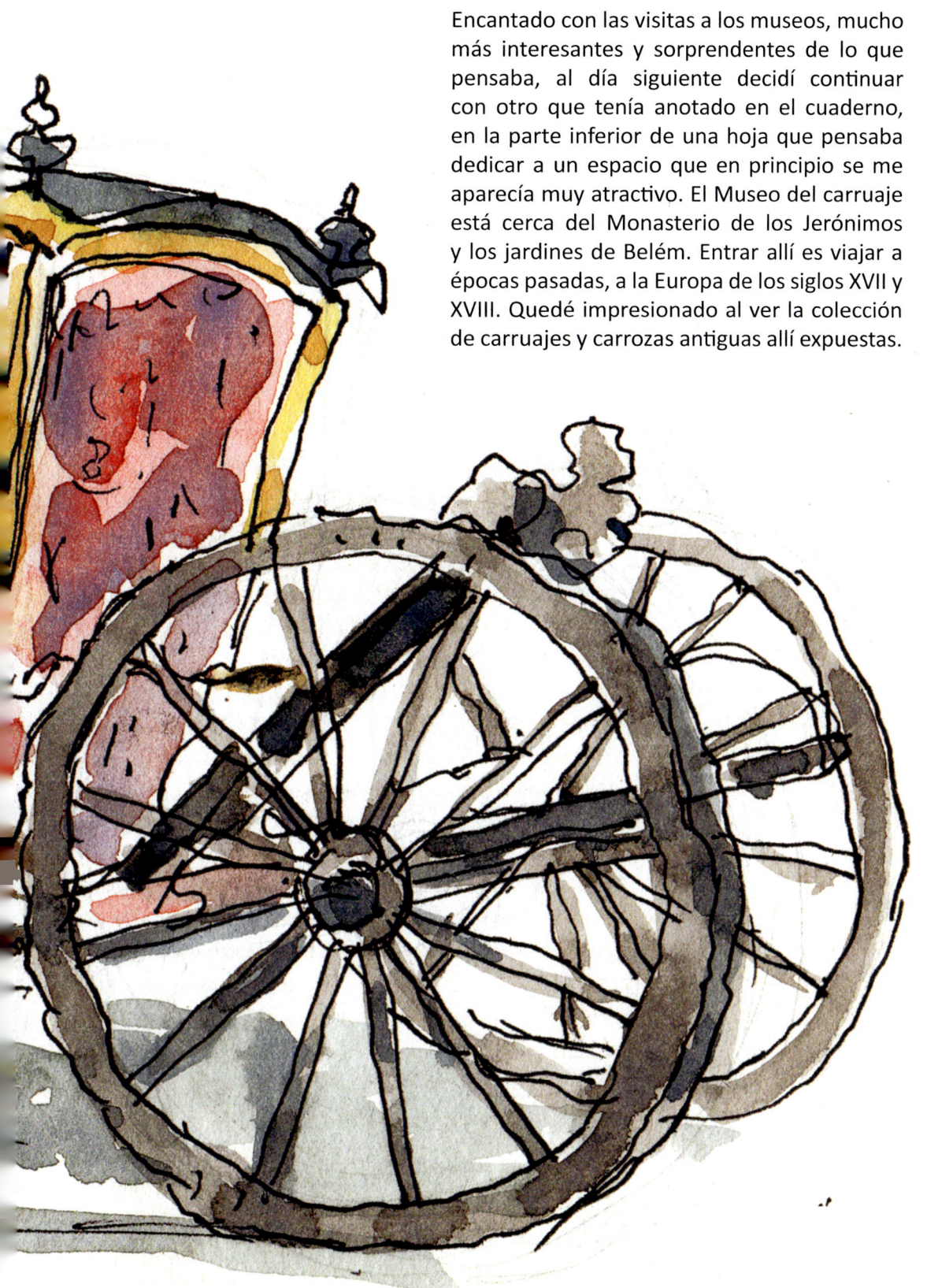

Encantado con las visitas a los museos, mucho más interesantes y sorprendentes de lo que pensaba, al día siguiente decidí continuar con otro que tenía anotado en el cuaderno, en la parte inferior de una hoja que pensaba dedicar a un espacio que en principio se me aparecía muy atractivo. El Museo del carruaje está cerca del Monasterio de los Jerónimos y los jardines de Belém. Entrar allí es viajar a épocas pasadas, a la Europa de los siglos XVII y XVIII. Quedé impresionado al ver la colección de carruajes y carrozas antiguas allí expuestas.

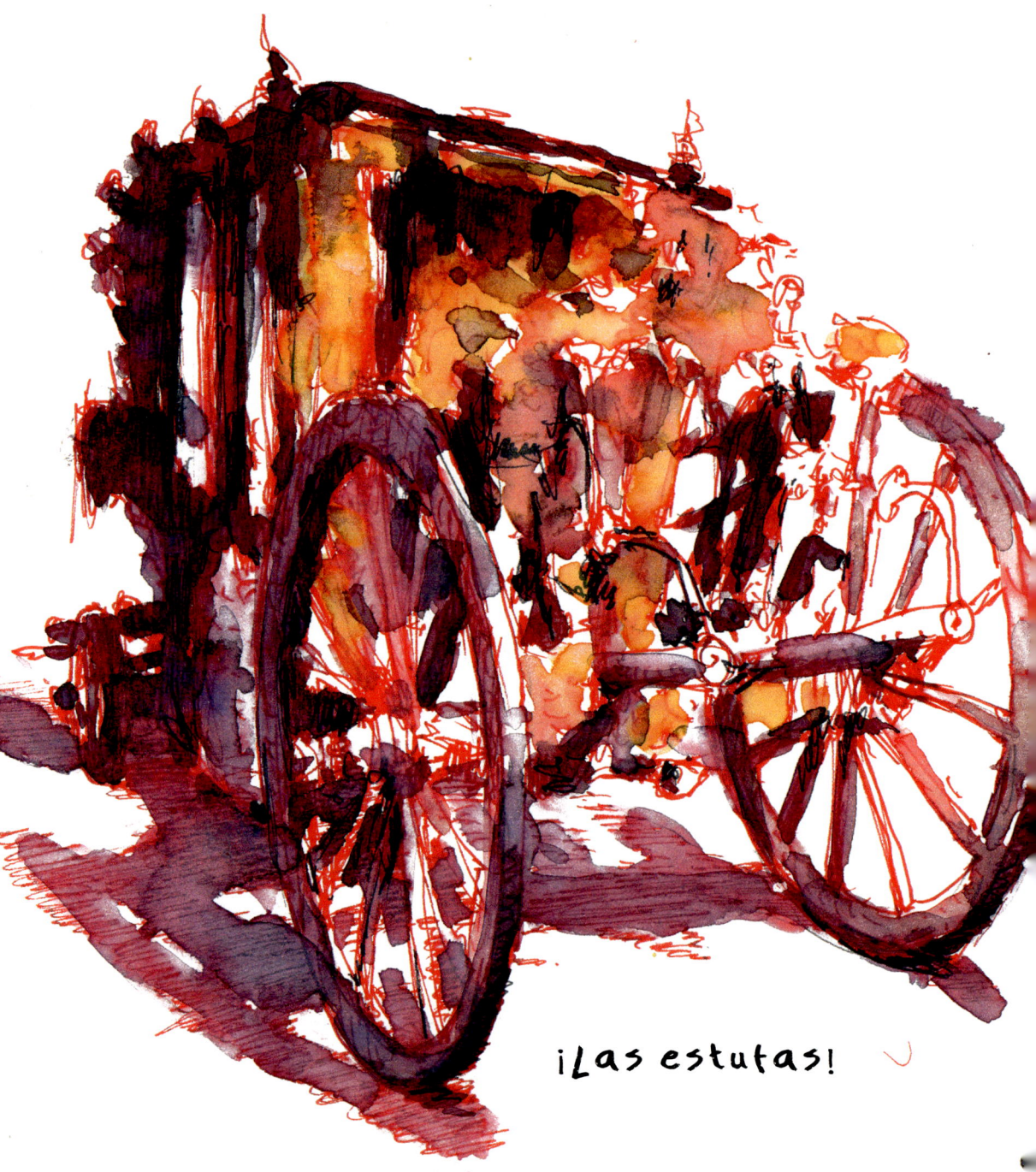

¡Las estufas!

¡Cuesta imaginarse aquel espectáculo de la impostura y ostentación con tan pomposos y recargados coches circulando entre el desorden y los atascos, y ante las miradas de todos! Había berlinas y calesas de extraordinaria factura, pero el vehículo que más me llamó la atención fue uno denominado estufa, unas carrozas acristaladas que estaban, obviamente, al servicio de las clases altas de sociedad. De entre los carteles informativos allí expuestos, me fijé en uno de Julio Cesar Machado que describía con exquisitez aquellos carruajes: «Eran vagones pesados, feos e incómodos donde los pasajeros iban amontonados como sardinas en una canasta...»

¡berlinas!

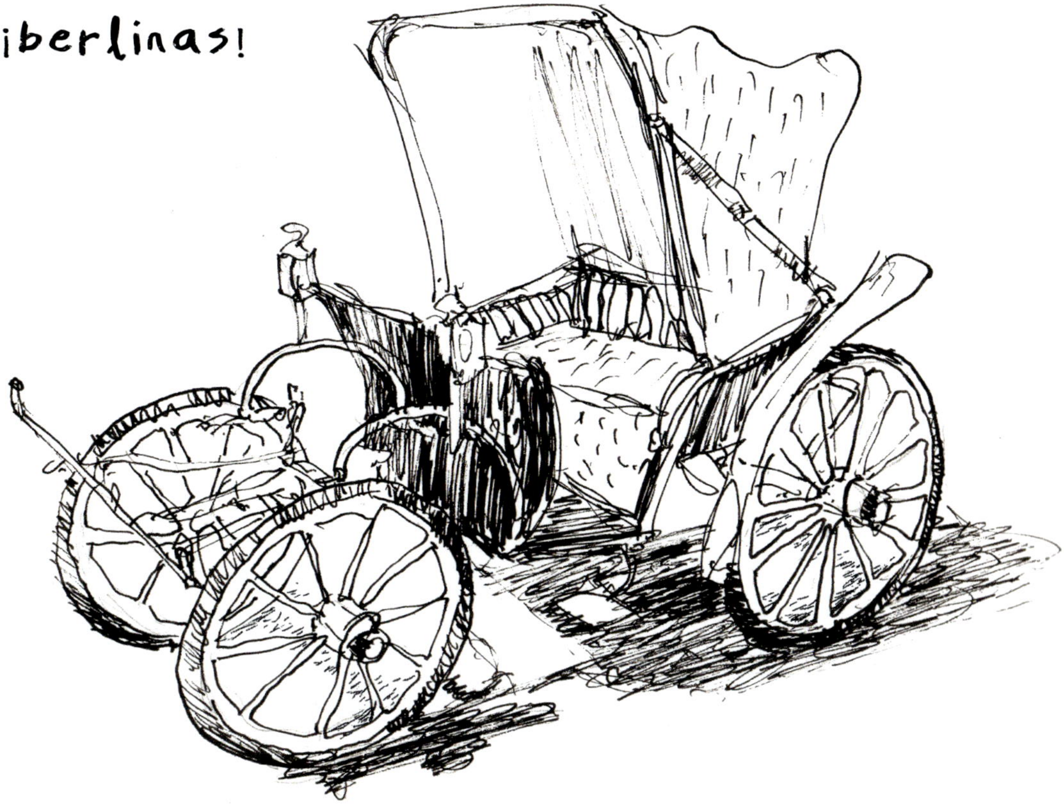

¡calesas!

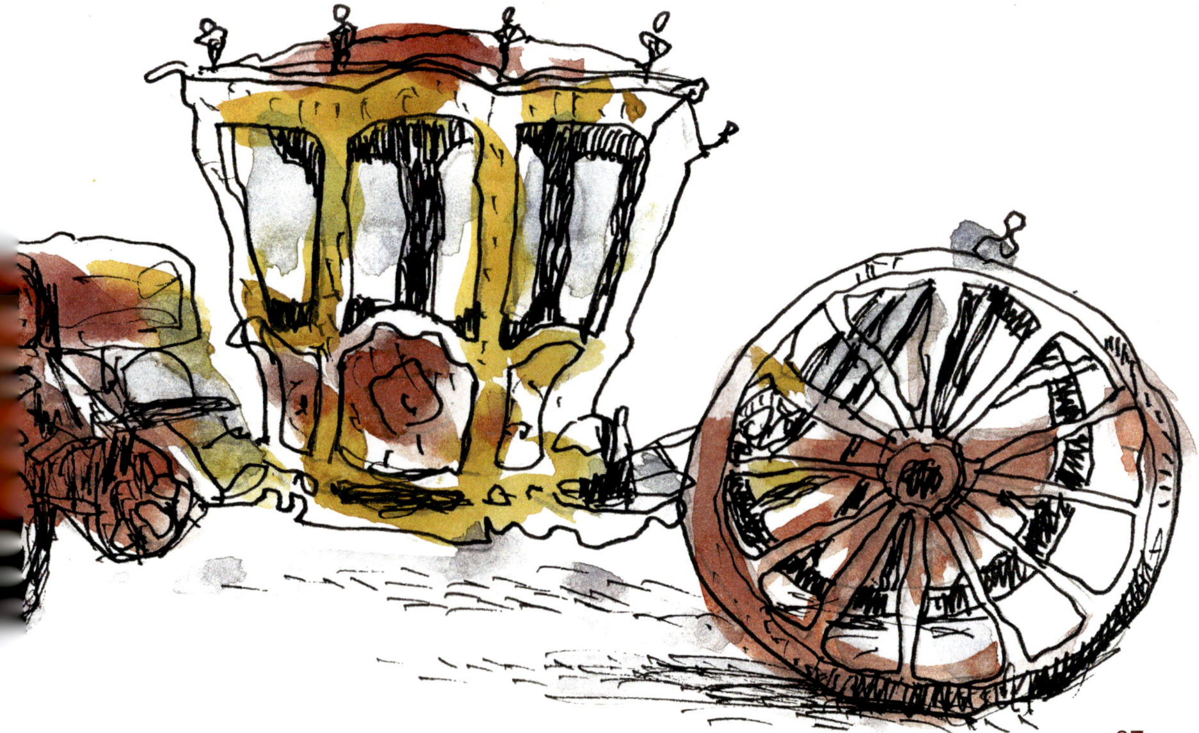

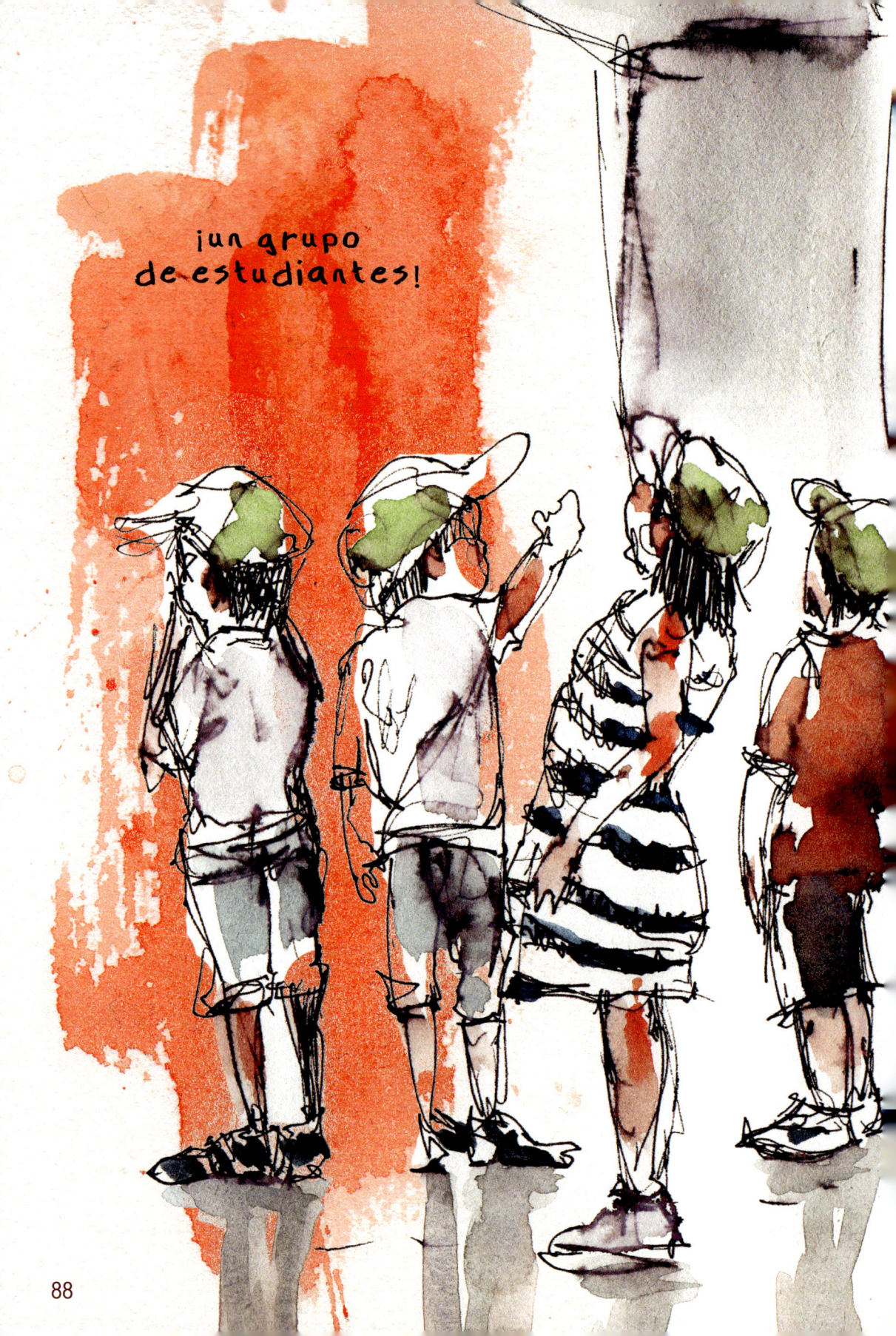

Al tiempo que recorría absorto las salas, un grupo escolar visitaba aquel impresionante museo y, al igual que yo, permanecían boquiabiertos ante tan majestuosos carruajes, mientras los profesores dirigían al grupo entre las diferentes salas expositivas. Se trataba de una visita guiada por las salas de aquel museo, alumnos muy atentos a las explicaciones de los profesores que les acompañaban. La mayoría de los jóvenes escuchaba en silencio las explicaciones y algunos se separaban del grupo para cuchichear entre qué podría aportarles aquella visita en su día a día escolar y qué pueden aprender del pasado tras recorrer aquella colección permanente. Pero, probablemente, esta enriquecedora actividad les iba a aportar mucho más de lo que ellos pensaban, e incluso una mayor apertura de miras hacia su propio mundo y su experiencia de vida. A mí, desde luego fue así lo que me ocurrió, tal como os los estoy contando.

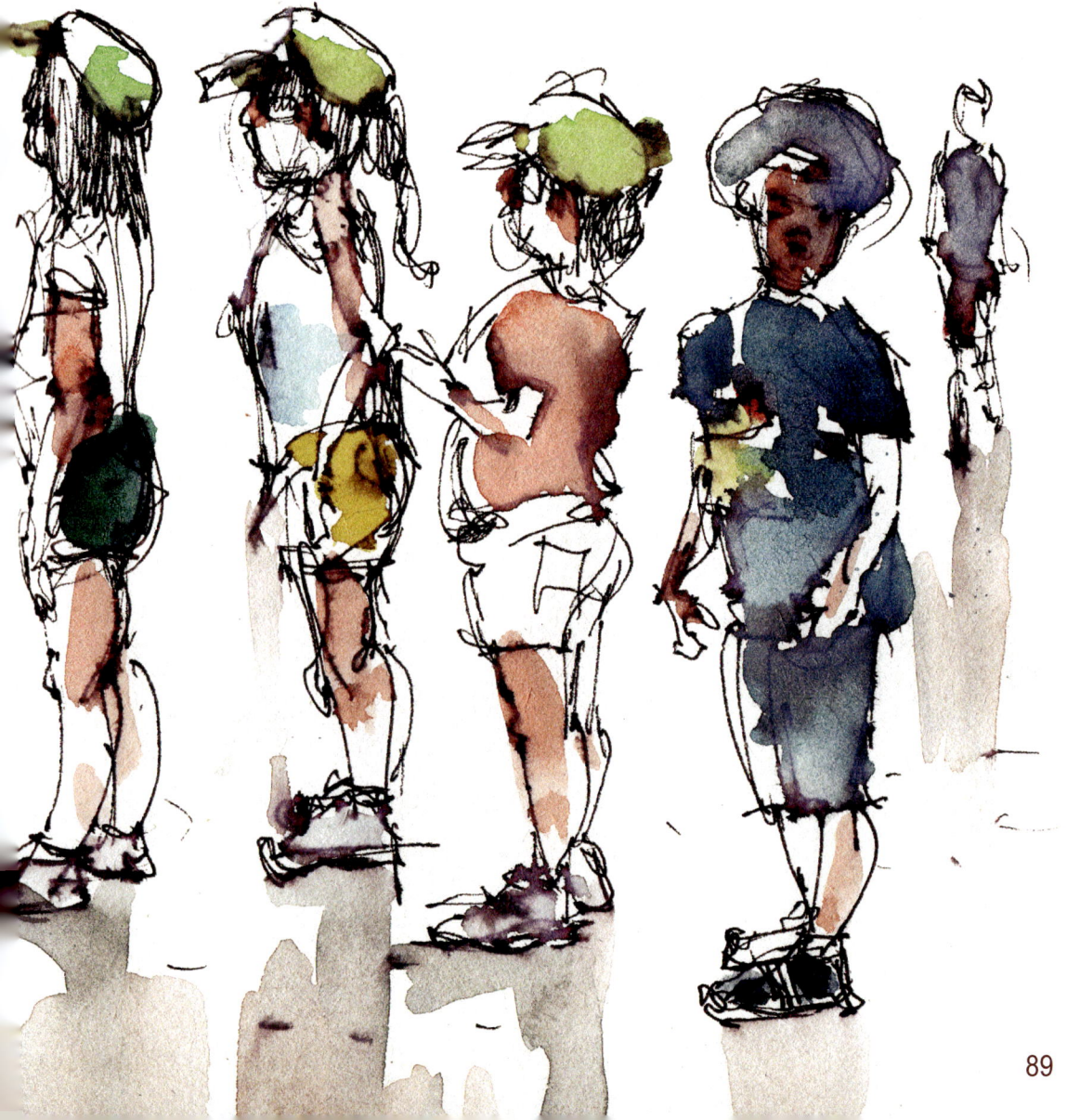

El barrio de Belém y sus pastéis

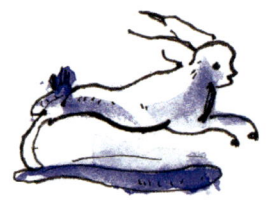

En el número 15 llegué hasta el barrio de Belém, ya en la ribera del Tajo, donde se encuentran los pasteles de nata más famosos de Lisboa. Estos pasteles son una especie de tartaleta de fino hojaldre crujiente rellena con crema a base de yema de huevo, leche y azúcar, todo ello espolvoreado con canela y azúcar glas tostado. En la famosa Casa Pastéis de Belém pude degustar unos de los más tradicionales y recién salidos del horno acompañado de una *bica*, un sorbo de café delicioso cuyo nombre la cultura popular asegura que procede de una recomendación del primer establecimiento que sirvió café en Lisboa, así del *bebe isto com açucar* quedaron solo sus iniciales, *bica*.

La fama mundial de esta pastelería se debe a los monjes del Monasterio de los Jerónimos que, tras el cierre por la Revolución, se dedicaron a crear y vender estos dulces para subsistir. A modo de imitación, y muy parecidos, pude encontrar estos pasteles por todas las confiterías de Lisboa, con la diferencia de que estos incluyen nata en su receta, algo que no llevan los originales de Belém, por ello y para diferenciarlos de los clásicos *pastéis de Belém* se les denominan pasteles de nata.

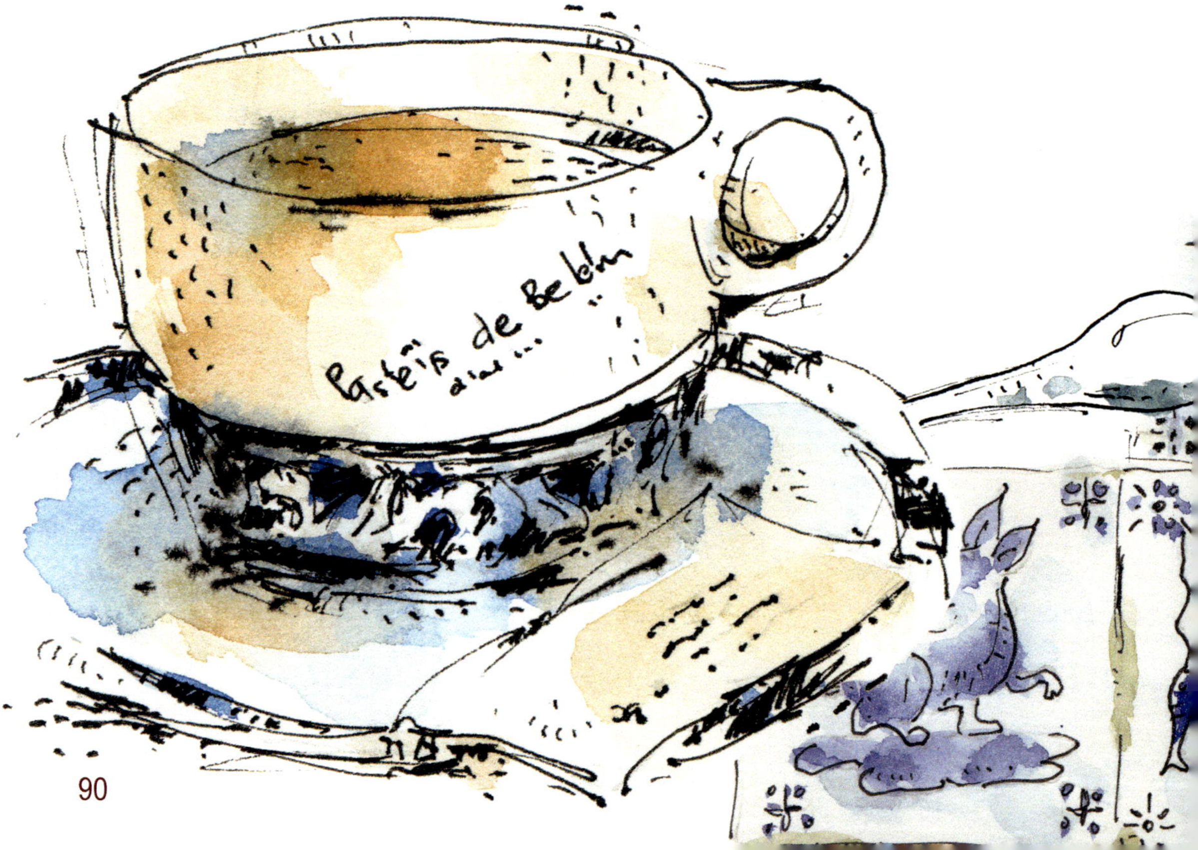

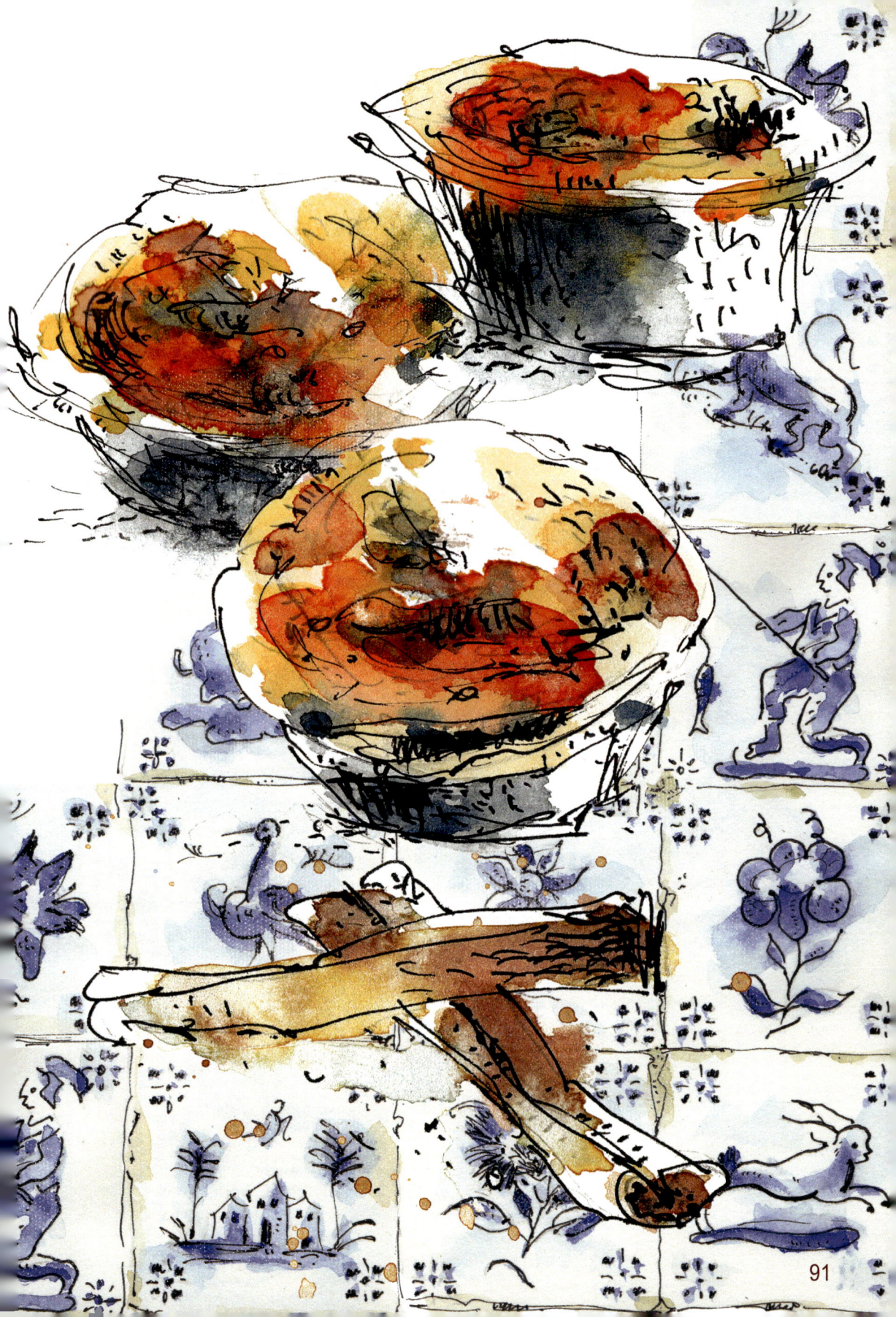

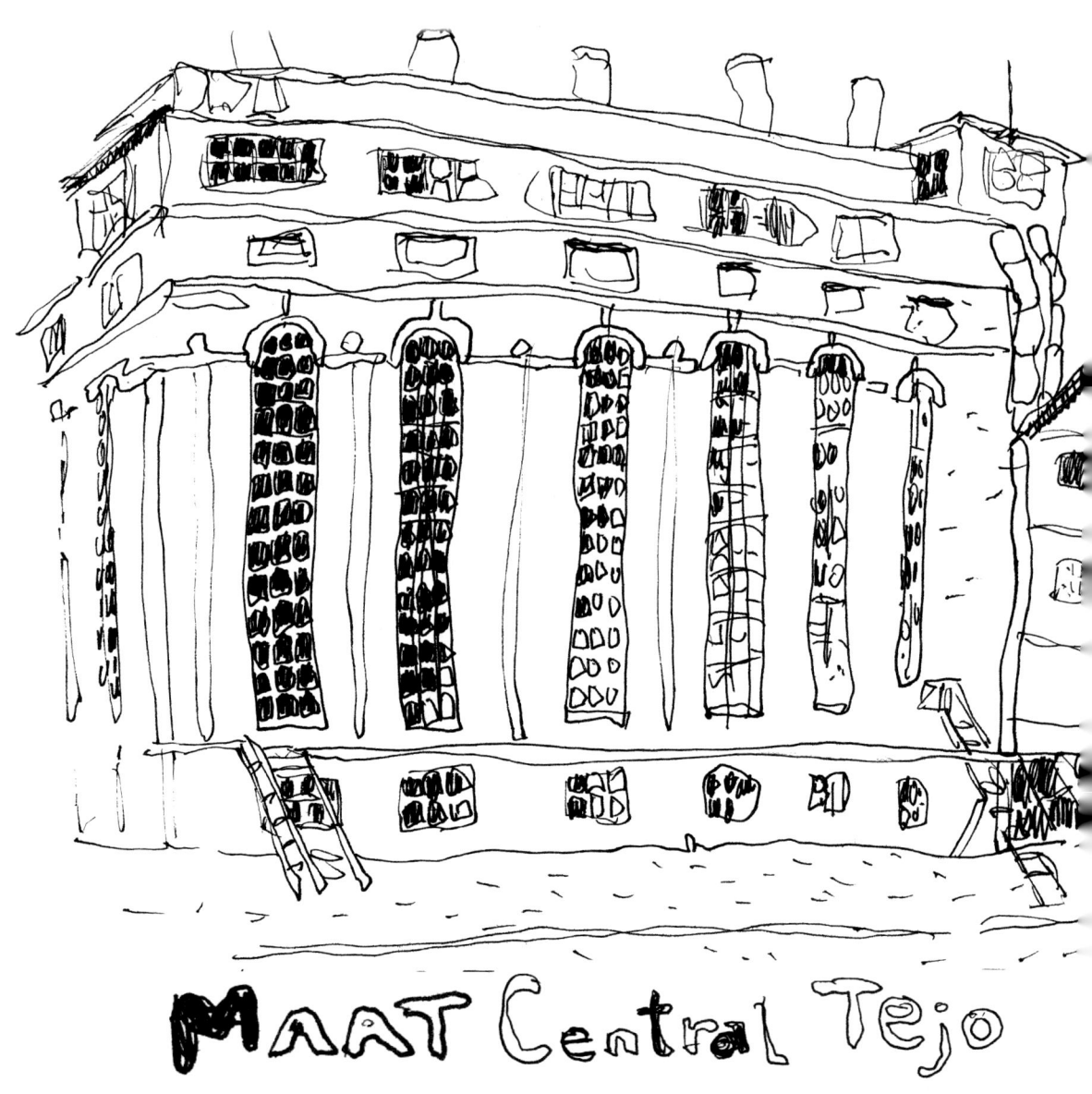

MAAT Central Tejo

Pasear por la Lisboa asomada a la orilla del Tajo, que aquí es ya puro mar, tuve la oportunidad de acercarme al Museo de Arte, Arquitectura y Tecnología, que enseguida reconocí junto al antiguo complejo industrial y el Museu da Electricidade. Me sentí abrumado paseando frente a su fachada curva y ligeramente ovalada, conformada por un gran mosaico tridimensional de piezas blancas y brillantes. Fue asombroso poder contemplar como el agua del río se reflejaba en el mosaico y recreaba un impresionante juego de luces. Adosada a esta moderna construcción, se encuentra la antigua central termoeléctrica, la Central Tejo, un edificio de ladrillo rojizo que funciona como museo y centro cultural. Sentado frente a su fachada, pude aprovechar para descansar y dibujar una panorámica general del entorno para no dejar escapar aquel momento inolvidable.

Museo de Arte, Arquitectura y Tecnología

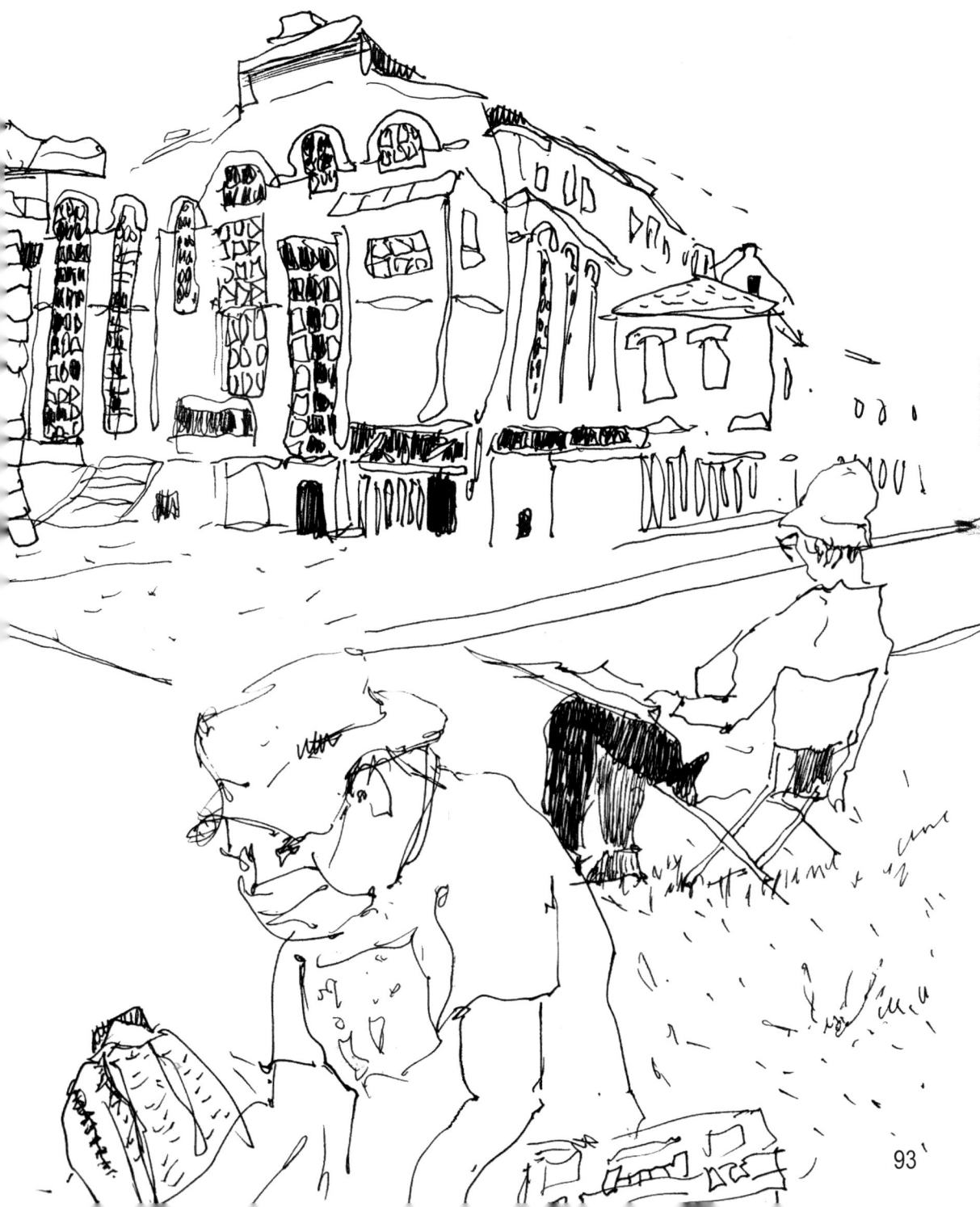

A orillas del río Tajo

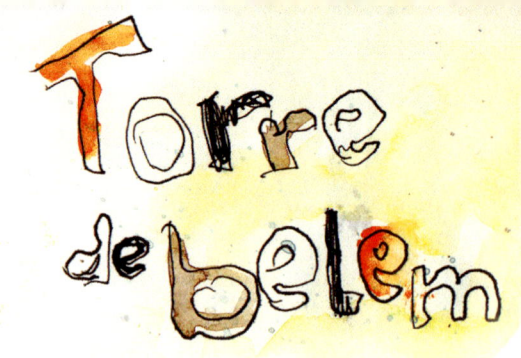

Al salir del MAAT, y continuando por el paseo marítimo, dirigí mis pasos a la torre de Belém; una proporcionada torre que sirvió de protección de la entrada al puerto a través del río. Fue levantada en tiempos de Manuel I el *Bem Aventurado*, en cuya cabeza pudieron reunirse las coronas de Castilla y de Portugal. Es una fortificación del estilo que lleva el nombre del rey, y sirvió tanto de torre defensiva como faro y punto de referencia para la navegación. Pude recrearme con la decoración de su fachada e ir descubriendo, detalle a detalle, los diversos elementos marítimos que luce en sus paredes. Luego accedí a su interior para contemplar aquellos impresionantes cañones que probablemente sirvieron en una época anterior como defensa de la ciudad. Pero mi gran sorpresa fue leer en un folleto informativo que antaño la torre fue utilizada de prisión y como oficina de recaudación de impuestos para los barcos que entraban en la ciudad. Aquello me provocó un cierto interés por su historia para descubrir que este monumento, declarado por la UNESCO Patrimonio Cultural de la Humanidad, se encontraba en un principio situada en el centro del río Tajo.

Fue concretamente con el terremoto de 1755 cuando se desvió el cauce del río, quedando la torre al margen derecho de éste. Un baluarte y cinco pisos tiene la torre de Belém, que formó parte del sistema defensivo de la ciudad.

Con este boceto del edificio más reconocible y mundialmente famoso de Lisboa, he querido dejar el cuaderno de Lisboa abierto a más monumentos y a la sorprendente arquitectura actual. Eso será en mi próximo viaje a una ciudad que una vez la conoces se te queda prendida en el corazón.

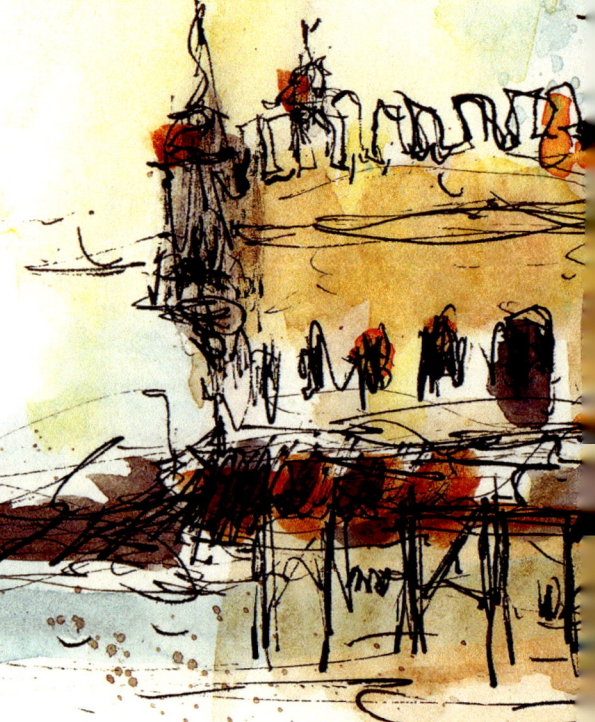

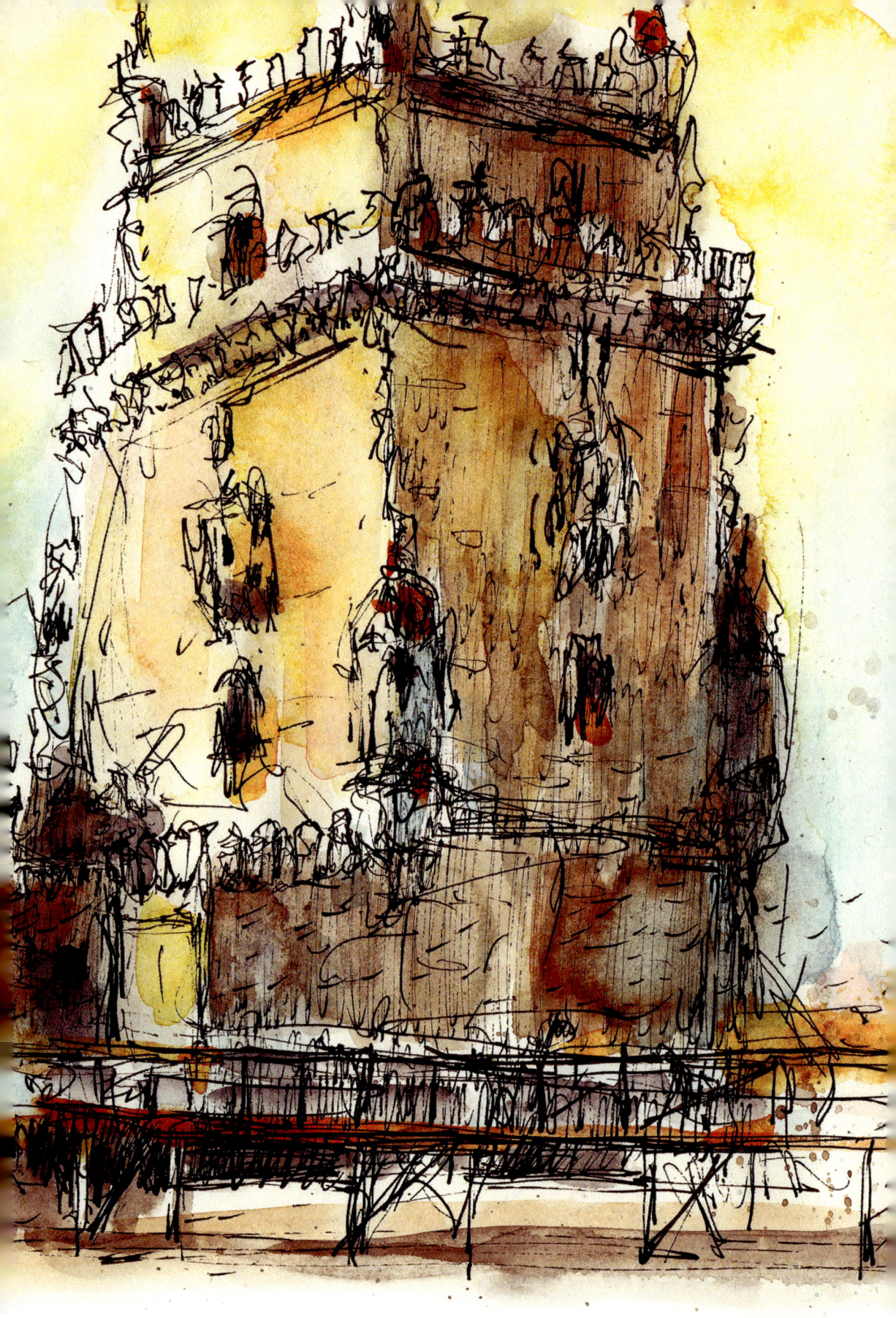

Torre de Belém

Arco da Rua Augusta

Igreja de São Roque

Praça Luís de Camões

Mirador de la Señora del Monte

Miradouro de São Pedro de Alcântara

Praça do Município

Catedral Sé de Lisboa

Praça do Comercio

Estação do Rossio

Elevador de Santa Justa

Castelo de São Jorge

Praça Rossio

Convento da Ordem do Carmo

Miradouro da Graça